SingLiesel

Satz: Satz für Satz, Wangen im Allgäu

Druck: FINIDR, s.r.o.
Printed in Czech Republic

ISBN 978-3-944360-74-4

www.singliesel.de

Bildnachweise:
Blumen: Gizele/Shutterstock.com
Cover-Foto: Business plus/Shutterstock.com

Natali Mallek – Annika Schneider

WAHRNEHMUNGS-GESCHICHTEN

Inhalt

Tastgeschichten

Duftgeschichten

Schmeckgeschichten

Inhalt

Sehgeschichten

Klanggeschichten

Einführung

Wenn im Alter die Sprache, das Verstehen und andere Gedächtnisleistungen nachlassen, sind die Betroffenen mehr und mehr auf ihre Sinne angewiesen. In der Praxis greifen wir in diesen Fällen oft auf Wahrnehmungsübungen zurück, durch die die Sinne gezielt angesprochen und aktiviert werden.

Für solche Wahrnehmungsübungen bieten sich Materialien an, die die Senioren anfassen, riechen und schmecken dürfen oder die sie anschauen und hören können. Durch diese Sinneseindrücke fällt es den Betroffenen viel leichter, sich an besondere Momente aus ihrer Vergangenheit oder auch an ganz normale Alltagssituationen zu erinnern, die ihr Leben und vor allem sie als Person geprägt haben.

Als Erweiterung zu den vielen kreativen und beliebten Sinnesaktivierungen, die sich in der praktischen Seniorenarbeit bewähren, haben wir Wahrnehmungsgeschichten geschrieben, in die jeder unserer fünf Sinne mit einbezogen wird. Jede Geschichte konzentriert sich dabei besonders auf einen Sinn:

- Tasten
- Riechen
- Schmecken
- Sehen
- Hören

Die Kapitelübersicht macht deutlich, dass die Geschichten nach den jeweiligen Sinnesaktivierungen geordnet sind. Dies erleichtert den unkomplizierten Einsatz in der Praxis.

Bei den Wahrnehmungsgeschichten zum Tasten, Riechen und Schmecken finden Sie in der Überschrift zusätzlich die Information, um welchen Gegenstand, welches Material oder welches Lebensmittel es geht. Bei den Sehgeschichten steht jeweils eine Farbe im Mittelpunkt. Die Klanggeschichten sind ganz besondere Mitmachgeschichten, denen die Senioren im Verlauf ihren ganz eigenen und persönlichen Charakter verleihen können.

Lesen Sie die Wahrnehmungsgeschichten langsam vor. Im Text sind die Stellen, an denen es um die direkte Sinneserfahrung geht, besonders gekennzeichnet. Es hat sich in der Praxis bewährt, nach dem Vorlesen dieser Textstellen einen Moment innezuhalten. Damit geben Sie den Senioren die Möglichkeit, sich die Sinneseindrücke besser vorstellen zu können bzw. die Materialien noch einmal gezielt zu berühren, daran zu riechen oder ein Stück davon zu probieren.

Tastgeschichten

Bringen Sie das Material, um das sich die Geschichte dreht, mit und geben Sie den Senioren vor dem Vorlesen etwas Zeit, es ausgiebig anzufassen. In den Geschichten selbst haben die Senioren die Möglichkeit, die beschriebenen Empfindungen am Material nachzuvollziehen, Bewegungen damit nachzumachen (z. B. einen Wollfaden zwischen den Fingern hindurchgleiten lassen) und sich Sinneseindrücke aus ihrem Erfahrungsschatz vorzustellen.

Duftgeschichten

Auch bei den Duftgeschichten bringen Sie etwas mit, das den in den Geschichten beschriebenen Duft verströmt, zum Beispiel einen Blumenstrauß oder frische Kaffeebohnen. Geben Sie das Material einmal jedem in der Runde in die Hand, damit alle in aller Ruhe daran riechen können. Erst dann beginnen Sie mit dem Vorlesen der Geschichte.

Schmeckgeschichten

Bieten Sie jedem Teilnehmer zu Beginn an, etwas von den mitgebrachten Lebensmitteln, um die sich die Geschichte dreht, zu probieren. (Wer das nicht möchte, muss es natürlich nicht tun.) Während des Vorlesens haben die Senioren die Möglichkeit, sich die beschriebenen Geschmäcker vorzustellen. Am Ende darf jeder gerne noch einmal zugreifen.

Sehgeschichten

In den Geschichten, in denen der Sehsinn im Mittelpunkt steht, wird jeweils eine bestimmte Farbe beschrieben. Bringen Sie für diese Wahrnehmungsgeschichten ein Potpourri an Gegenständen und Materialien mit, die diese Farbe haben. Hier eignen sich auch Decken und Stoffe sehr gut. Wer farbige Lampen hat, kann diese ebenfalls gut einsetzen.

Klanggeschichten

Die Klanggeschichten in diesem Buch sind, wie schon erwähnt, Mitmachgeschichten, die die Senioren aktiv gestalten können. Zu Beginn bekommt jeder Teilnehmende eine Rassel, einen Regenmacher, ein Glöckchen, Geschenkpapier, ein Percussion-

Instrument, einen Topf mit Kochlöffel oder eine Hupe (jeweils wie angegeben). Immer wenn in den Geschichten von den entsprechenden Geräuschen die Rede ist, lassen die Senioren sie auf die angegebene Art und Weise ertönen.

Und so können Sie einen Regenmacher für die Klanggeschichten ganz leicht selber basteln
Sie benötigen eine leere Stapelchipsrolle, Nägel, Reis, farbiges oder weißes Papier, einen Hammer und flüssigen Klebstoff.
Die Nägel werden spiralförmig von oben bis unten in die leere Chipsverpackung gehämmert. Dann kommen ca. vier bis fünf Esslöffel Reis in die Rolle. Diese wird mit dem Deckel verschlossen. Damit der Deckel gut hält, wird der obere Rand der Rolle mit Klebstoff eingeschmiert und der Deckel damit festgeklebt. Die Rolle wird nun mit dem Papier umwickelt, die Ränder werden ebenfalls festgeklebt. Wer möchte, kann die Rolle anschließend mit Finger- oder Acrylfarbe verzieren.

Im Anschluss an jede Wahrnehmungsgeschichte bietet sich natürlich ein Gespräch über das jeweilige Material, den Duft, den Geschmack, die Geräusche oder die beschriebenen Farben an. Regen Sie die Unterhaltung bei Bedarf mit gezielten Fragen an.

Viel Freude mit unseren Wahrnehmungsgeschichten wünschen

Natali Mallek und Annika Schneider

WOLLE/BOMMEL: Ein Korb voll Wolle

Heute hat Rita sich vorgenommen, ein paar Bommel zu machen. Der Winter steht kurz bevor, und ihre Kinder und Enkelkinder freuen sich immer über selbst gestrickte Schals und Mützen. Auf die Mützen, die Rita strickt, gehören immer auch Bommel, und die müssen gewickelt werden. Bommel zu machen empfindet Rita als sehr beruhigende Tätigkeit.

Sie holt ihren großen Korb mit Wolle heraus und greift in die reiche Auswahl hinein. Einige Wollsorten sind sehr weich, andere etwas härter. Rita entscheidet sich als Erstes für ein Wollknäuel mit sehr dicker weicher Wolle. Sie gräbt die Finger in das Wollknäuel und sucht den Anfang des Wollfadens. Sie spürt den weichen, dicken Faden zwischen ihren Fingern.

Nun fängt sie an, den Faden um zwei Pappringe zu wickeln. Immer wieder führt sie den Faden durch das Loch in deren Mitte. Dabei fällt ihr ein Lied ein: „Sie müssen nur den Nippel durch die Lasche ziehen …" von Mike Krüger. Sie schmunzelt und singt ein bisschen vor sich hin. Mit dem Wickeln ist sie schnell fertig. Rita schneidet den fast fertigen Bommel an den Seiten auf, macht eine Schlinge um die Fäden und knotet sie zusammen. Dann entfaltet sich der Bommel, und die einzelnen Wollfäden kitzeln ein bisschen auf Ritas Haut.

Rita ist sehr routiniert, sie hat in ihrem Leben schon viele Bommel gewickelt. Sie steckt die Hand wieder in den Korb, um sich für den nächsten Bommel die richtige Wolle herauszusuchen.

Sie spürt die unterschiedlichen Wollarten an ihrem Handrücken und an ihren Fingern.

Der zweite Bommel wird die Mütze ihres jüngsten Enkels schmücken. Es soll ein kleiner Bommel werden. Rita findet ein kleineres, härteres Wollknäuel mit einem recht festen Faden. Diese Wolle soll es sein. Sie ist blau: Das ist die Lieblingsfarbe ihres Enkels. Wieder spürt sie den Faden zwischen ihren Fingern. Für die Herstellung dieses Bommels wählt Rita zwei etwas kleinere Pappringe. Dann wird gewickelt. Immer wieder führt sie den harten, dünnen Faden durch das Loch in der Mitte der beiden Pappringe. Rita kann dabei nicht aufhören, das Lied von Mike Krüger zu singen: „Sie müssen nur den Nippel durch die Lasche ziehen …“. Geschafft. Auch der zweite Bommel ist fertig. Dank des dünnen, harten Wollfadens ist der Bommel trotz seiner geringen Größe sehr dicht und kompakt geworden. Rita schließt einmal die Faust um den Bommel und hat das Gefühl jeden einzelnen Faden auf ihrer Handfläche zu spüren.

Sie wickelt noch drei weitere Bommel. Zwei Bommel wickelt sie aus einer etwas widerspenstigen Wolle. Diese benutzt sie nicht mehr zum Stricken, weil das Gestrickte kratzig wird. Aber die Bommel berühren ja nicht die Haut, deswegen kann sie die Wolle dafür verwenden. Der dritte Bommel wird aus einer sehr flauschigen, weichen Wolle gewickelt. Rita genießt es, den anschmiegsamen Faden in den Händen zu halten.

Dann ist Rita fertig – alle Bommel sind gewickelt. Sie fährt noch ein letztes Mal mit der Hand über die vielen verschiedenen Wollarten und stellt schließlich den Korb zurück in den Schrank.

SAND: Ein Strandspaziergang

Greta setzt langsam einen Fuß vor den anderen. Wie gut sich der Sand unter ihren Füßen anfühlt! Warm und weich ist er. Bei jedem Schritt sinkt sie so weit in den Sand hinein, dass er auch ihre Zehen und einen Teil ihres Fußrückens bedeckt. Es fühlt sich an, als seien ihre Füße ganz sanft und warm von Sand umhüllt. Sie geht ein Stück den Strand entlang. Je näher sie dem Wasser kommt, desto fester wird der Sand. Er gibt nicht mehr so leicht nach, sie spürt jetzt einen festen Halt unter ihren Füßen. Greta drückt ihre Fußsohle extra fest in den Sand, um eine Spur zu hinterlassen. Es gelingt ihr. Vier, fünf Schritte macht sie so und dreht sich dann erwartungsvoll um. Ja, das sind ihre Spuren! Sie guckt sich die Spuren noch einen Moment lang an und dreht sich dann wieder um, um weiterzugehen.

Sie geht nun wieder ein Stück in Richtung der Dünen. Hier ist der Sand wieder angenehm weich. Beim Gehen verschwinden ihre Füße erneut im Sand. Auf ihrem Fußrücken bleiben ein paar Sandkörner haften. Sie legen sich wie ein schützender Film auf ihre Haut. Greta spürt, dass der Sand ein wenig kühler ist als zu Beginn. Dieses Strandstück scheint länger im Schatten gelegen zu haben. Es fühlt sich angenehm frisch an, ist es doch sonst so warm heute.

Greta geht noch ein Stück weiter. So weit, bis der Sand wieder ein wenig wärmer wird. Dann sucht sie sich ein nettes Plätzchen aus und setzt sich. Sie spürt den weichen Sand unter ihren Beinen und schiebt sie ein wenig hin und her, bis sie angenehm eingebettet sind.

Zufrieden schaut sie aufs Meer hinaus und beobachtet die Wellen, die kräftig, aber gleichmäßig und ruhig an den Strand rollen.

Greta lässt den Sand durch ihre Finger rieseln. Dafür nimmt sie eine Handvoll davon und spreizt dann ganz langsam ihre Finger. Es kitzelt, als der feine Sand zwischen den Fingern hindurchrieselt. Doch sie mag das Gefühl. Wieder und wieder nimmt sie Sand in beide Hände und lässt ihn langsam durch die Finger rieseln. Nach einer Weile legt sie ihre Hände ganz locker in den Schoß und schaut sich wieder das Treiben der Wellen an. Sie spürt einen leichten Film aus Salz auf ihren Händen. Greta erinnert sich an die Sommerurlaube ihrer Kindheit. Auch damals war nach den spannenden Tagen am Strand mit Burgenbauen und Toben im Wasser immer ein dünner Film auf ihrer Haut zurückgeblieben, der nach Salz schmeckte. Wie lange war das her …!

Sie vergräbt ihre Hände bis zu den Handgelenken im Sand – bis sie nicht mehr zu sehen sind. Sie sind ganz weich im Sand eingebettet. Als sie ihre Finger weiter in den Sand bewegt, spürt sie, dass auch dort der Sand wieder etwas fester und kühler wird. Greta sucht sich eine bequeme Position und bleibt noch einige Zeit sitzen. Dann macht sie sich langsam auf den Rückweg durch den weichen, warmen Sand …

STOFFRESTE: Kleidersammlung

Als Günter nach Hause kommt, findet er einen Zettel an seiner Haustür. Die örtliche Kirchengemeinde veranstaltet eine große Kleidersammlung. Bei der Kleidersammlung kann man sich sicher sein, dass die Jacken, Hosen, Mäntel und Hemden auch wirklich bei den Menschen ankommen, die Hilfe benötigen. Gut gelaunt läuft er zu seiner Frau Karin und erzählt ihr von dem Zettel. „Wir haben doch bestimmt das eine oder andere Kleidungsstück, das wir aussortieren können, oder?“, fragt Günter. – „Natürlich.“ Karin lacht. „Wenn ich mir deinen Bauchumfang so angucke, haben wir sogar mehr als ein paar Kleidungsstücke.“ Günter schaut ein bisschen verdattert auf seine Körpermitte, lacht dann aber auch.

Zusammen setzen sie sich ins Schlafzimmer vor ihren Kleiderschrank und begutachten den Inhalt. Karin kramt einen alten weichen und flauschigen Mantel aus Kunstfell heraus und lässt ihre Finger langsam über den Kragen gleiten. „Schau mal, den hatte ich schon mindestens seit sieben Jahren nicht mehr an.“ Den Mantel legt Karin in eine extra für diesen Zweck bereitgestellte Kiste.

Günter hält derweil ein altes Satinhemd mit Blumenmuster in der Hand. Auch er lässt seine Finger über den glatten, anschmiegsamen Stoff gleiten. „Guck mal, ist das nicht zu schade für die Kleidersammlung?“, fragt er und hält sich das Hemd vor den Oberkörper. – „Na ja, das Hemd war vor zwanzig Jahren mal modern. Das kannst du allerhöchstens noch an Karneval anziehen. Gib es mal lieber weg!“, lautet die Antwort. Also lässt auch Günter seinen Fund in der Kleiderkiste verschwinden.

Karin zieht einen Kaschmirpullover aus der hinteren Ecke ihrer Schrankhälfte. Der Pulli ist das weichste und gemütlichste Kleidungsstück, das Karin je besessen hat. Er passt zwar nicht mehr, doch Karin bringt es nicht über das Herz, den flauschig wollenen Pullover auszusortieren. Weniger Gnade hat sie mit der Cordhose, die Günter ihr zwei Sekunden später in die Hände drückt. Sie fährt einmal mit der flachen Hand über die dicken Längsrippen der Hose und sagt bestimmt: „Die kann auch in die Kiste für die Kleidersammlung!"

Dann haben sie es fast geschafft. Als letztes Stück für die Kleiderkiste zieht Karin eine alte Lederjacke aus dem Schrank. Die Jacke hat sie früher sehr gerne getragen. Inzwischen ist sie ihr leider zu eng geworden, und modisch ist das gute Stück auch schon lange nicht mehr. Die Jacke fühlt sich weich und ein bisschen kühl an, und als Karin die Jacke noch ein letztes Mal in beide Händen nimmt, um sie ausgiebig zu betrachten, spürt sie, dass das Leder eine leicht unregelmäßige Struktur hat.

Günter verschließt die Kleiderkiste und bringt sie vor die Haustür. Es fühlt sich gut an, einmal ausgemistet zu haben. Noch schöner ist es, dass die Kleidung für einen guten Zweck gesammelt wird.

ERDE: Der Winter ist vorbei

Nach dem langen Winter muss Elena endlich wieder raus in den Garten. Nicht nur, dass ihr die frische Luft, die Bewegung und das Graben in der Erde gefehlt haben. Nein, der Garten sieht einfach furchtbar aus. Alles wächst durcheinander, die Erde ist mit Unkraut übersät, und in den Ecken liegt überall noch Laub vom letzten Herbst herum.

Nach den ersten trockenen Tagen macht sie sich eines Morgens an die Gartenarbeit. Es riecht modrig, und die Erde ist noch recht feucht. Trotzdem beginnt sie damit, die Erde aufzulockern und Unkraut zu zupfen. Die großen Erdklumpen im Beet sind ziemlich hart, so leicht bekommt sie sie mit ihren Fingern nicht zerdrückt. So sehr sie auch drückt, sie bekommt sie nicht klein. Da muss wohl die Harke herhalten. So geht es besser. Aus der fein geharkten Erde kann sie dann ganz leicht mit Daumen, Zeige- und Mittelfinger das Unkraut herauslösen und in den Eimer werfen. Behutsam streicht sie noch einmal über die Erde, um zu sehen, ob sie auch alles erwischt hat.

Elena ist diese farblose Einöde in ihrem Garten leid. Und obwohl erst in der übernächsten Woche Frühlingsanfang ist, setzt sie schon mal ein paar Blühpflanzen in ihre Beete. Sie hat die Erde in den Beeten so gut aufgelockert, dass sie die Löcher dafür ganz leicht mit den Händen graben kann. Außerdem mag sie das Gefühl von feuchter Erde in ihren Händen. Die Erdklumpen sind jetzt so klein und fein, dass sie sie ganz leicht mit ihren Fingern zerdrücken kann. Elena nimmt ein wenig Erde zwischen die Finger und zerreibt sie.

Ein wenig davon bleibt an ihren Fingern zurück, das stört sie jedoch nicht weiter, schließlich ist sie ja bei der Gartenarbeit. Als die Löcher für die Blumen tief genug sind, setzt sie sie ein. Mit den Fingern fühlt sie, ob die Blume gut in dem Loch sitzt. Ein wenig drückt sie die Wurzel noch hinein. Dabei spürt sie, wie die Erde unter ihren Daumen wieder glatt und fest wird.

Elena nimmt einige Hände voll von der aufgelockerten Erde, die sie gerade ausgehoben hat, und füllt sie in das Loch. Als die Seiten aufgefüllt sind, drückt sie von oben noch ein wenig nach, damit die Blume auch fest und sicher sitzt. Sie spürt, wie die Erde immer dichter wird. Dann fährt sie mit ihrer Hand wieder locker über die Erde und verteilt die kleinen Erdklümpchen gleichmäßig auf der Oberfläche. Die Erde fühlt sich jetzt viel feiner an. Elena harkt noch ein wenig nach und schaut sich das Ergebnis ihrer Gartenarbeit an. Sie ist zufrieden. Gut gelaunt hebt sie noch das eine oder andere Blatt auf, das ihr begegnet, und räumt die Gartengeräte weg. Dann gönnt sie sich eine heiße Tasse Tee …

WASSER: Ein Tag für die Seeräuber

Für diese Wahrnehmungsgeschichte benötigen Sie für jeden Teilnehmer eine flache Schale mit Wasser und ein kleines Handtuch. Die Senioren sitzen dabei um einem Tisch herum. Die Schale sollte so groß sein, dass die Senioren beide Hände dort hineinlegen können.

Wenn in der Geschichte das Wort „See“ *vorkommt, werden die Finger ganz langsam im Wasser bewegt. Kommt* „Wasser“ *in der Geschichte vor, dürfen die Finger ganz schnell im Wasser bewegt werden. Vorsicht, das könnte spritzen!*
Ob die Senioren die Finger während des Vorlesens in der Schale lassen oder nur bei den Stichwörtern ins Wasser legen, bleibt jedem selbst überlassen. Wer möchte, darf sich jederzeit die Hände abtrocknen.

Sind nach Ihrer Einschätzung zwei Stichwörter für die Gruppe zu viel, dann geben Sie nur ein Stichwort an und lassen Sie die Senioren dazu ihre Finger im Wasser bewegen.

Wenn Anton und Felix sich samstags frühmorgens zum See aufmachen, dann ist der Sommer endlich da. Felix darf freitags meist bei Anton übernachten, wenn ein Ausflug zum See ansteht. Gut gelaunt stehen die beiden Jungen gegen sechs Uhr auf und frühstücken ein ordentliches Müsli. Dann packt jeder seinen Rucksack, und im Nu sitzen sie auch schon auf ihren Fahrrädern und sind unterwegs in Richtung Wasser.

Anton und Felix sind seit ihrer gemeinsamen Kindergartenzeit beste Freunde. In der Schule sind sie Banknachbarn. Und am See spielen sie schon zusammen, seitdem sie denken können. Früher waren beim Spielen ihre Mütter dabei, um achtzugeben, dass die beiden nicht ins tiefe Wasser gerieten. Heute dürfen die zwei schon alleine zum See fahren.

Am Wasser angekommen, lehnen sie ihre Fahrräder wie immer gegen den alten Holzzaun, der etwas oberhalb des Sees steht. Den Rest des Weges gehen sie zu Fuß. In einem Gebüsch in der Nähe des Ufers haben sie sich eine Höhle gebaut. Mal dient sie als Räuberhöhle und mal als das Versteck gefährlicher Piraten.

Wenn die beiden in ihrer Höhle am See ankommen, kontrollieren sie erst einmal, ob noch all ihre Schätze an Ort und Stelle sind. In einer Ecke der Höhle haben sie ein Loch in den Boden gegraben und dort einige Bonbons versteckt, die sie von Antons Oma geschenkt bekommen haben. Sie sind alle noch da. Dann legen sie sich auf die Lauer und warten auf ein Abenteuer. Manchmal schlafen sie dabei ein, weil das Wasser im See so beruhigend gluckert und sie am Morgen vielleicht doch ein wenig zu früh aufgestanden sind. Das macht aber nichts, so ein Seeräuber-Schlaf ist sehr gesund und macht stark für den nächsten Überfall.

An diesem Morgen ist es noch lange ruhig am See, man hört nur das Wasser gluckern und die Vögel zwitschern. In aller Ruhe sammeln Anton und Felix neue Stöcke und Zweige, um ungleichmäßige Stellen in der Höhlenwand auszubessern. Dann beginnt das erste Abenteuer auf See. Im Sommer ist das Wasser im See schon morgens so warm, dass sie ohne zu frieren gut darin schwimmen können. Nach kurzer Zeit haben sie das erste Piratenschiff geentert und bringen ihre Schätze in Sicherheit.

Gegen elf, am späten Vormittag, kommen auch die ersten Badegäste am See an. Anton und Felix ziehen sich dann in ihre Höhle zurück und packen ihre Brotdosen aus, die Antons Mutter für sie vorbereitet hat. Zufrieden beißen sie in ihre Äpfel und Brote und schmieden weitere Pläne für den Tag am Wasser. Erst am frühen Abend machen sie sich auf den Rückweg nach Hause – nach einem spannenden Sommertag auf See …

GRAS: Auf der grünen Wiese

Rosi und ich gingen als Kinder im Frühling immer gerne wandern. Wir liefen durch die Felder, kletterten im Wald über abgesägte Baumstämme und liegen gebliebene Äste und sprangen über kleine Bäche. Wir mochten die frische Frühlingsluft.

Das Schönste an unseren Ausflügen war die Pause, die wir immer am gleichen Ort machten. Wir hatten irgendwann einmal auf einer Wanderung hinter dem Wald eine große grüne Wiese mit herrlich weichem, frischem Gras gefunden. Von da an kamen wir regelmäßig hierher. Es war unser „Geheimplatz“.

Wir zogen unsere Schuhe aus und gingen ganz vorsichtig über die Grashalme, um sie nicht zu sehr zu knicken. Das Gras war ganz weich, nur die Spitzen der einzelnen Grashalme piksten ein wenig unter unseren Fußsohlen. Unsere Eltern hätten wahrscheinlich gesagt, wir sollten sofort wieder unsere Schuhe anziehen, es sei ja Frühling und kein Sommer. Doch wir mochten das kühle Gras unter unseren Füßen. Und wir genossen das Gefühl, mit den nackten Füßen durch das weiche, kühle, leicht piksende Gras zu laufen.

Nach ein paar Minuten falteten wir unsere Picknickdecke auseinander und legten sie vorsichtig auf die Wiese. Wir setzten uns und packten eine Flasche Wasser und die Brote aus, die wir uns zu Hause geschmiert hatten. Wir setzten uns immer genau so auf die Decke, dass wir uns mit den Händen im Gras abstützen konnten, wenn wir uns nach hinten lehnten. Wir strichen ganz langsam und sanft über die zarten Grashalme. Es fühlte sich an, als ob wir jemanden streicheln würden. Und auch mit den Händen spürten wir die herrlich kühle Frische der Wiese.

Wir aßen und tranken und streichelten mit unseren Händen über die Wiese. Ansonsten saßen wir ganz still da, belauschten die Vögel und sahen den Eichhörnchen beim Toben in den Baumwipfeln zu. Manchmal konnten wir sogar ein Reh beobachten. Sie waren herrlich, unsere Frühlingsausflüge.
Nach unserer Pause, die immer recht lange dauerte, machten wir uns auf den Heimweg. Wir liefen zurück durch das frische, kühle, weiche Gras und zogen uns am Rand der Wiese unsere Schuhe wieder an. Wir kletterten im Wald über abgesägte Baumstämme und liegen gebliebene Äste und liefen durch die Felder zurück in unser Dorf.

Daheim angekommen, wuschen wir als Erstes schnell unsere Füße, damit Rosis und mein Geheimnis auch ein Geheimnis blieb …

KRÄUTER: Duftender Kräuterstrauß

Der Duft von frischen Brötchen zieht durch die Küche. Frank hat sie selbst gebacken. Doch was soll es dazu geben? Etwas Einfaches. Etwas, durch das der schöne Brötchengeschmack noch ausreichend zur Geltung kommt. Frank entscheidet sich für Kräuterbutter – Kräuterbutter, die ihre zarten Duft verströmt und den Geschmack der Brötchen gekonnt unterstreicht. Das einzige Problem ist: Frank hat keine Kräuterbutter.

Da heute Sonntag ist und die Geschäfte alle geschlossen haben, muss er die Kräuterbutter wohl selber machen. Ein Stückchen Süßrahmbutter hat er noch. Fehlen nur die Kräuter. Er braucht feinwürzigen Schnittlauch, herbharzigen Rosmarin und vielleicht ein bisschen frischen mediterranen Basilikum. Die Kräuter hat er leider nicht im Haus, und er beschließt deshalb, seinen Freund Ingo zu besuchen. Ingo hat einen Schrebergarten und baut dort das eine oder andere herrlich duftende Kraut für die Küche an. Frank nimmt die Butter und die frischen Brötchen mit. So können sie später gemeinsam essen.

Ingo freut sich sehr, seinen alten Freund Frank zu sehen. „Selbstverständlich habe ich frische Kräuter für dich!“ Er lacht und zeigt Frank sein Kräuterbeet. Dort steht, üppig wachsend, strahlend grüne Petersilie. Frank pflückt einen Zweig Petersilie und zerreibt ein Blatt zwischen seinen Fingern. Würzig-frisch und aromatisch duftet die Petersilie. Die muss selbstverständlich in die Kräuterbutter. Schnittlauch hat Ingo auch zu Genüge in seinem Kräuterbeet. Die Stängel stehen saftig und kraftvoll im Beet.

Als Frank den Schnittlauch für die Kräuterbutter abschneidet, strömt ihm ein zwiebelig-frischer Geruch entgegen. Rosmarin hat Ingo natürlich auch. Dort steht ein prachtvoller Busch, von dem Frank einen Zweig abschneidet. Der Duft der Rosmarinnadeln lässt ihn unwillkürlich an seinen letzten Italienurlaub denken.

Nun fehlt noch Basilikum. Basilikum hat Ingo leider nicht in seinem Garten. Doch er weiß Rat. Ingo winkt seiner Schrebergartennachbarin zu. „Hallo Johanna“, ruft er, „hast du ein bisschen Basilikum für uns? Wir wollen Kräuterbutter machen.“ – „Natürlich, bei mir ist alles voller Basilikum.“ Johanna verschwindet für einen Moment hinter der Laube und kommt mit einem großen Bündel Basilikum wieder. „Riecht mal“, fängt sie an zu schwärmen, „dieser frische typische Geruch. Ich liebe ihn einfach.“ Die beiden Männer bedanken sich überschwänglich. Nun haben sie alle Kräuter zusammen, die sie für ihre Kräuterbutter brauchen.

Frank zupft die Nadeln des Rosmarinzweigs ab und hackt dann alle Kräuter klein. Die ätherischen Öle der Kräuter mischen sich. Er vermengt alles mit der Butter und gibt etwas Salz hinzu. Ingo kann es gar nicht abwarten und streicht als Erster etwas von der leckeren, grün getupften Butter auf ein Brötchen. „Einfach nur himmlisch!“, lautet sein Urteil. Frank probiert auch und ist fasziniert, als ihm der Kräuterduft beim Abbeißen in die Nase steigt. Und dazu der Geschmack der knusprigen, frisch gebackenen Brötchen! Es ist mal wieder der Beweis: Gutes kann ganz einfach sein!

ERDBEEREN: Einfach ein Genuss!

Wir hatten früher so viele Erdbeeren in unserem Garten! Im Sommer duftete es dort, als stände man in einem riesigen Erdbeerfeld mit roten, reifen und süßlich duftenden Früchten. Ich erinnere mich noch ganz genau daran, wie die Erdbeeren dufteten, als sie wirklich reif waren – das war eine wahrhafte Verlockung. Jeden Tag haben meine Mutter und ich die reifen Erdbeeren ganz behutsam gepflückt und in einen Korb gelegt. Sie durften keine Druckstellen bekommen.

Nach dem Pflücken brachten wir den Korb in die Küche, um die Erdbeeren zu sortieren. Nach kurzer Zeit verbreitete sich das Aroma der reifen Erdbeeren im ganzen Haus. Schon wenn man zu Tür hereinkam, lockte ihr süßlicher Duft jeden Besucher sofort in die Küche.

Die besonders schönen Erdbeeren wurden zum Kuchenbacken oder zum Verschenken an die Seite gelegt. Die Erdbeeren, die nicht ganz so schön waren oder die trotz der Vorsicht doch Druckstellen bekommen hatten, wurden zum Marmeladekochen gesammelt.

Hatte meine Mutter genug Erdbeeren für Erdbeermarmelade zusammen, wurden die Früchte eingekocht. Ich erinnere mich genau, wie ich mich immer ganz nah an den Topf stellte, um den Duft der warmen Erdbeeren in mich aufzusaugen. Sie rochen auch süß – aber ganz anders als die frischen Erdbeeren. Sie rochen vielleicht sogar noch ein wenig süßer und aromatischer.

Die Marmelade verschenkte meine Mutter an die ganze Nachbarschaft – wir hatten wirklich reichlich davon. Und egal, ob als Geburtstagsgeschenk oder als kleines Mitbringsel anstelle von Blumen – die herrlich schmeckende Marmelade war wirklich allseits beliebt.

Am meisten freute ich mich aber immer auf den frischen Erdbeerkuchen meiner Mutter. Sie backte einen Tortenboden, belegte ihn mit süßlich duftenden Erdbeeren und gab Tortenguss darüber. Dazu gab es frische Schlagsahne. Es war einfach ein Genuss, wenn der frische Erdbeerkuchen mit der Sahne mir auf der Zunge zerging.

Noch heute kann ich an keinem Marktstand vorbeigehen, wenn es dort nach frischen, süßen Erdbeeren duftet. Immer gehe ich mit einem Körbchen Erdbeeren nach Hause …

ROSEN: Tante Marthas Blumenladen

In dieser Duftgeschichte geht es um Rosen. Sie kann gut als Übung zur Wahrnehmungsanregung für Menschen mit Demenz eingesetzt werden. Wenn möglich, sitzen die Senioren in einem Stuhlkreis oder um einen Tisch herum. Stellen Sie eine Vase mit verschiedenfarbigen Duftrosen in die Mitte.
Je nach Schweregrad der Demenzerkrankung kann eine Rose (ohne Dornen) zu Beginn durch die Runde gegeben werden, sodass jeder einmal an den Blüten riechen kann.
Die Geschichte wird langsam vorgelesen. Machen Sie nach den markierten Stellen im Text *eine kurze Pause.*

Meine Tante Martha hatte früher einen Blumenladen. Jeden Dienstagnachmittag besuchte ich sie dort nach der Schule. Ich erinnere mich noch ganz genau daran, wie es immer duftete, wenn ich durch die Ladentür ging. Diesen kräftigen Duft von frisch geschnittenen Blumen habe ich noch heute in der Nase, wenn ich an meine Tante denke.

Meine Lieblingsblumen sind Rosen. Ich glaube das liegt daran, dass ich meiner Tante damals im Laden helfen durfte und dabei viel über diese Blumen gelernt habe. Dienstags fuhr sie immer frühmorgens zum Großmarkt und kaufte neue Blumen. Wenn ich mich dann nachmittags auf den Weg zu ihr machte, war ich schon immer ganz gespannt, welche Blumen mich diesmal erwarten würden. Voller Vorfreude stürmte ich in den Laden und musste erst einmal an allen Blüten schnuppern.

Der liebste Duft aber war mir der Duft der Rosenblüten. Ich weiß gar nicht genau, warum, und ich kann den Duft auch nur ganz schwer mit Worten beschreiben … Aber wenn ich an eine Rose denke und mir vorstelle, dass ich meine Nase nah an die Blüten halte und ganz tief einatme, habe ich ihren kräftigen Duft sofort in der Nase.

Rosen gibt es ja in so vielen Farben. Gelb, weiß, orange, rosa, rot – ja, sogar schwarze Rosen habe ich schon einmal gesehen. Im Blumenladen durfte ich sie immer nach Farben getrennt in die großen Eimer einsortieren. Wenn ich fertig war, schnupperte ich immer an den verschiedenen Sorten und suchte mir einen Duft aus, der mir an diesem Tag am besten gefiel.

Meine Tante hatte aber auch einen eigenen Rosengarten. Sie hegte und pflegte die Blumen sehr gewissenhaft, und das sah man auch. Natürlich durfte ich ihr dort ein wenig helfen. Und ich erinnere mich gerne an so manchen sonnigen Nachmittag im Sommer zwischen all den herrlich duftenden Rosen. Der ganze Garten war von Rosenduft erfüllt, und die Blüten leuchteten kräftig in der Sonne. Heute besuche ich meine Tante immer noch gerne in ihrem Garten. Und es duftet dort noch genauso schön nach Rosen wie früher …

In ihrem Blumenladen arbeitet sie jetzt nicht mehr. Dafür kommt sie mich jetzt jeden Dienstagnachmittag in meinem Blumenladen besuchen. Dann stehen wir dort zusammen zwischen den Rosen und atmen ihren Duft ganz tief ein. Und ohne zu sprechen erinnern wir uns beide an die gemeinsamen alten Zeiten …

KAFFEE: Kaffeeduft liegt in der Luft

Jürgen sitzt am Kaffeetisch und schlürft seinen Morgenkaffee. Auf dem Tisch liegt die Tageszeitung. Es ist Samstag. Samstags nimmt er sich immer die Zeit, in Ruhe seinen Kaffee zu trinken – muss er doch wochentags immer so früh zur Arbeit fahren. Jürgen genießt es sehr, wenn das ganze Haus von Kaffeeduft erfüllt ist. Wenn er frisch aufgebrühten Kaffee riecht, stellt sich bei ihm ein vertrautes Gefühl ein, das er schon aus seiner Kindheit kennt.

Damals war der Duft von gerösteten Kaffeebohnen und fertigem, frisch aufgebrühtem Filterkaffee am Morgen immer ein Zeichen, dass seine Eltern bereits aufgestanden waren und das Frühstück vorbereitet war. Lange Zeit mochte er keinen Kaffee. Den Geschmack fand er regelrecht scheußlich. Er konnte nicht verstehen, wie Erwachsene diese bittere Flüssigkeit trinken konnten. Aber den Geruch, ja, den Geruch mochte er sehr. Oft schnupperte er an der Kaffeetasse seines Vaters. Der trank seinen Kaffee damals mit einem Schuss Sahne und Zucker. Der warme Dampf aus der Kaffeetasse stieg Jürgen in die Nase. Der Kaffee roch kräftig. Je kräftiger er war, desto lieber mochte Jürgen ihn riechen. Aber trinken konnte er ihn erst, als er älter war.

Besonders schöne Erinnerungen aus seiner Kindheit sind auch die Kaffeehaus-Besuche mit seiner Tante Rosi. Meist machten Tante Rosi und er davor einen langen Bummel durch die Stadt und kamen dann schließlich ins Kaffeehaus, um sich bei Kakao und Kaffee aufzuwärmen. Schon beim Eintreten genoss Jürgen den Duft der frisch gemahlenen Kaffeebohnen, der sich rund um die Theke ausbreitete. Meist blieb er einen Moment dort stehen, schaute sich die wunderschön verzierten Kaffeebehälter an, die an der Wand hingen, und lauschte der Kaffeemühle.

Fast immer bekam er von der Dame hinter dem Tresen eine ganze Kaffeebohne geschenkt. Sie roch ein wenig herber als das Kaffeepulver und weniger aromatisch. Hätte er sie in den Mund genommen, wäre der Geschmack wohl sehr bitter gewesen. Aber Jürgen rieb die Kaffeebohne nur ganz leicht zwischen seinen Fingerspitzen. Immer wieder, wenn er danach an seinen Fingern roch, kam ihm ein Hauch Kaffeebohnenduft entgegen. Jürgen genoss den harmonischen Duft nach gemahlenem und frisch aufgebrühtem Kaffee in dem Kaffeehaus sehr. Und auch wenn er heute in ein Kaffeehaus einkehrt, kann er von dem ganz besonderen Kaffeeduft dort gar nicht genug bekommen.

Jürgen trinkt seinen Kaffee heute schwarz. So kann sich der ganze vollmundige Geschmack in seinem Mund entfalten. Und nur so kann er die verschiedenen Aromen im Kaffee unterscheiden. Mal duftet er eher kräftig und fruchtig, mal eher herb. Morgens trinkt Jürgen seinen Kaffee lieber stark, am Nachmittag etwas milder. Was für ihn aber in all den Jahren am wichtigsten war, ist dieses ganz besondere Aroma, der sich langsam ausbreitet und das ganze Haus mit frischem Kaffeeduft erfüllt. So wie früher, als er noch ein Kind war …

TULPEN: Oma Hedis Tulpen

Agatha kommt durch die Terrassentür in ihre Küche hinein. In der Hand hält sie einen Strauß gelbe und rote Tulpen. Während sie die Tür zudrückt, steckt sie ihre Nase zwischen die Blüten und atmet einmal tief ein. Dabei zieht sich ein glückliches Lächeln über ihr Gesicht, und sie sieht sehr zufrieden aus …

Agatha erinnert sich an die vielen glücklichen Frühlingstage, Jahr für Jahr, im Garten ihrer Oma Hedi. Oma Hedi hatte einen großen Garten und, wie man so schön sagt, einen grünen Daumen. Sie liebte Blumen über alles, am meisten ihre bunten Tulpen. Wenn sie im Frühling anfingen zu blühen, zog sich ihr Duft durch den ganzen Garten. Schon von der Straße aus konnte sie den besonderen Duft der Tulpen wahrnehmen.
Im Frühling machten Agatha und Oma Hedi immer im Garten ein Picknick – mit frisch gebackenem Kuchen, Orangensaft und Apfelstückchen. Dann spielten sie zusammen Ball, jäteten Unkraut, lockerten die Erde auf und bewunderten die herrlich duftenden Tulpen.

Immer, wenn sie daran vorbeiging, bückte sich Agatha kurz, um mit der Nase ganz nah an den Tulpen zu sein.
Oma Hedi hatte so viele Tulpen in ihrem Garten, dass sie zwischendurch öfter welche abschnitt, um sich ihren Duft auch ins Haus zu holen. Sie machte sich einen kleinen Strauß und stellte ihn auf den Esstisch. Schon nach ein paar Minuten war der Raum von ihrem Duft erfüllt.

Wenn Agatha abends nach Hause ging, durfte sie sich immer eine Tulpe aussuchen, die sie mit nach Hause nahm. Oma Hedi schnitt sie ab, wickelte die Schnittfläche in ein feuchtes Küchentuch und überreichte sie Agatha mit einem liebevollen Lächeln. Immer wenn Agatha von Oma Hedi ihren Abschiedskuss auf die Stirn bekam, hatte sie den Duft der frischen Tulpe in der Nase …

Ihre Tulpenliebe hörte niemals auf. Agatha hat nun selbst einen Garten, in dem im Frühling die schönsten Tulpen blühen. Immer wenn sich der Duft der Tulpen im ganzen Garten ausbreitet, denkt sie an den liebevollen Abschiedskuss auf ihrer Stirn und daran, wie schön die Zeit mit Oma Hedi war. Und manchmal, so wie heute, schneidet sie sich ein paar Tulpen im Garten ab, um sich ihren Duft ins Haus zu holen.

In diesen Momenten ist Oma Hedi immer ganz nah bei ihr …

BROT: Backtag

Heute ist Backtag. Ilse läuft schon das Wasser im Mund zusammen, wenn Sie an das leckere, duftende Brot denkt. Doch noch ist es leider nicht so weit. Bis Ilse sich das warme Brot auf der Zunge zergehen lassen kann, wird noch einige Zeit vergehen.

Als Erstes muss der Teig vorbereitet werden. Der Sauerteig für das Brot schlummert seit dem letzten Backtag friedlich in der Vorratskammer. Ilse riecht an dem Sauerteig. Der Geruch ist sauer, aber auch frisch, und so wie das duftet, kann sie sich noch deutlicher ausmalen, wie herrlich das Brot am Ende schmecken wird. Gestern ist sie extra zur Mühle ihres Vertrauens gefahren und hat frisches Mehl gekauft. Manchmal kauft Ilse ihr Mehl auch einfach im Supermarkt, doch sie hat das Gefühl, dass das Mehl aus der örtlichen Mühle einfach ein geschmackvolleres, kernigeres Brot ergibt.

Sie braucht 600 Gramm Weizen-Vollkornmehl und 100 Gramm Roggenmehl, um ihr Lieblingsgraubrot zu backen. Zusammen mit dem Sauerteig, ein bisschen Öl und etwas Wasser wird aus dem Mehl schon bald ein fester, schöner Teig. Ilse gibt auch noch ein paar Gewürze hinzu. Sie mörsert Fenchel, Kümmel, Koriander und ein kleines bisschen Anis. Mit dieser Gewürzmischung schmeckt das Brot hinterher so, wie eben nur Ilses Brot schmeckt.

Dann muss der Teig gehen. Ilse widmet sich in der Zeit der restlichen Hausarbeit, doch in Gedanken ist sie die ganze Zeit bei dem wunderbaren Brot, das noch an diesem Tag fertig wird. Nach dem Gehen wird der Teig noch einmal ordentlich durchgeknetet und in eine Brotbackform gefüllt. Die Backform ist rund, und man kann damit wunderbare große Brotlaibe backen. Dann zieht Ilse Jacke und Schuhe an. Das Brot wird nämlich heute nicht im heimischen Backofen gebacken. Heute ist Backtag im Backhaus des Dorfes.

Der große Holzbackofen wurde schon morgens von einigen Ehrenamtlichen hochgeheizt und wartet jetzt auf die Teiglinge der Dorfbewohner. Die Dorfbewohner können dort für kleines Geld ihre eigenen Brotlaibe backen.

Ilse ist nicht die Einzige, die schon mit ihrem Teig am Backhaus eintrifft. Neugierig werden die Teiglinge der anderen beäugt, doch dann wandern alle auch schon zur heißen Glut. Wie das duftet! Die Wartezeit lässt sich kaum aushalten, und die Vorfreude der Wartenden wächst und wächst. Um sich die Zeit ein bisschen zu vertreiben – schließlich dauert das Backen ungefähr eine Stunde –, tratschen und plauschen die Dorfbewohner miteinander. Selbstverständlich werden vor allem Rezepte und Backtipps miteinander geteilt.

Dann ist es endlich so weit. Die Brote werden aus dem Ofen geholt. Ilse läuft das Wasser im Mund zusammen, als sie ihren herrlich braunen, krossen Brotlaib entdeckt. Sie hat extra einen Stoffbeutel mitgebracht, in dem sie das noch warme Brot nach Hause transportieren kann. Doch bis zu Hause kann sie jetzt wirklich nicht mehr warten. Sie reißt sich ein Stück des frischen Brotes ab und lässt es sich auf der Zunge zergehen. Wie wunderbar das schmeckt! Der Aufwand hat sich gelohnt!

APFELSAFT: Ein fruchtiges Erlebnis

Anton stellt den letzten großen Tragekorb mit einem Schwung auf das Podest. „Geschafft!", denkt er und schaut sich die Körbe mit den vielen Äpfeln an. Schon bei dem Gedanken an den frischen, süß-säuerlichen Apfelsaft läuft ihm das Wasser im Munde zusammen. Wie viele Männer aus dem Dorf hat sich auch Anton heute auf den Weg zur Mosterei gemacht, um aus seinen eigenen Äpfeln erfrischenden Apfelsaft machen zu lassen. Denn er und seine Hilde können beim besten Willen nicht all die Äpfel der sieben Apfelbäume in ihrem Garten alleine aufessen. Das jährlich wiederkehrende Angebot der hiesigen Mosterei, auch Äpfel für Privatleute zu versaften, kommt ihnen also gerade recht.

Während Anton wartet, dass er an der Reihe ist, erinnert er sich an den Apfelsaft aus dem letzten Jahr. Er war genau richtig: eine fruchtige Süße, vermischt mit einer feinen Säure. Anton war fast ein bisschen stolz auf seine eigene Apfelernte gewesen. Da noch einige Körbe mit der Apfelernte seiner Nachbarn vor seinen an der Reihe sind, stellt sich Anton erst mal zu den anderen Wartenden und hört sich geduldig an, wie zufrieden oder auch unzufrieden sie mit ihren Apfelerträgen in diesem Jahr sind.

Plötzlich steigt ihm ein wunderbarer Apfelduft in die Nase, sodass er glaubt, den Geschmack von warmem Apfelkuchen auf der Zunge zu verspüren – mit Streuseln, so wie ihn seine Hilde immer macht. Diese vertraute Mischung aus den weichen, saftigen, aromatischen Äpfeln und den knusprigen Streuseln ist einfach ein Gedicht!

Erst als Anton von jemandem leicht am Arm berührt wird, kommt er zurück von seiner geistigen Apfelkuchen-Reise. Ein Mitarbeiter der Mosterei bietet ihm ein Glas mit frischem Apfelsaft zum Probieren an. Der Saft sieht anders aus als der, den er aus seinen eigenen Äpfeln kennt. Er ist rosé, fast rot. Anton nippt vorsichtig an dem Glas. Er spürt, wie sich ein intensiver, fruchtiger Apfel-Geschmack auf seiner Zunge ausbreitet. Nach einer Weile schmeckt er eine angenehme Säure. Anton ist überrascht. Das ist wirklich der leckerste Apfelsaft, den er je getrunken hat. Und diese Farbe erst – ungewöhnlich, aber elegant. Anton nimmt gleich noch einen Schluck und lässt den fruchtig-säuerlichen Apfelsaft durch seinen Mund gleiten.

Der Mosterei-Mitarbeiter zeigt ihm den rotfleischigen Apfel, aus dem der Saft gepresst wurde. Er sieht wunderschön aus. Vielleicht findet er in seinem Garten ja noch ein Plätzchen für diese Apfelsorte. Mit dem Glas in der Hand geht Anton durch die Mosterei-Halle. Immer wieder nippt er daran und genießt den intensiven Apfelgeschmack auf seiner Zunge. Der Duft von Äpfeln in der Halle wird immer stärker. Ein Blick zu seinen Körben sagt ihm, dass er bald an der Reihe ist. Er nimmt einen letzten Schluck von dem rosa Apfelsaft und gibt das Glas mit einem dankbaren Nicken zurück.

Die Spannung auf seinen eigenen Apfelsaft steigt. Als die ersten Flaschen auf dem Transportband ankommen, macht sich in ihm ein stolzes Gefühl breit. Und er freut sich schon darauf, gleich den ersten Apfelsaft des Jahres aus den eigenen Äpfeln zu probieren – schön kühl, fruchtig-süß und mit einer feinen Säure …

SCHOKOLADE: Schokoladentraum

Für den heutigen Tag hat sich Gertrud etwas ganz Besonderes vorgenommen: Sie möchte selbst Pralinen herstellen. Gertrud liebt Pralinen, die man sich auf der Zunge zergehen lassen kann. Ganz alleine ist sie allerdings nicht auf die Idee gekommen, Pralinen herzustellen. Ihre Tochter hat Gertrud zum Geburtstag ein Pralinenset geschenkt. Das Pralinenset enthält einen kleinen Topf, in dem man die Schokolade über einem Wasserbad schmelzen kann, eine Gabel zum Überziehen der Pralinen mit Schokolade und eine Form, in die man Schokolade gießen kann, um kleine, rechteckige Pralinen herzustellen. Das wird ein süßer, schokoladiger Gaumenschmaus.

Gertrud hat lange Rezeptbücher gewälzt und sich passende Rezepte herausgesucht. Trüffel stehen auf ihrem Tagesplan, Rumkugeln und Schokoladenpralinen mit Nougatfüllung. Eingekauft hat sie schon. Schokolade, Nüsse, Rum und Nougat warten darauf, verarbeitet zu werden. Als Erstes zerteilt sie die Schokolade, um sie über dem Wasserbad zu schmelzen. Ein kleines Stückchen wandert jetzt schon in Gertruds Mund. Sie kann der braunen Köstlichkeit einfach nicht widerstehen. Die Schokolade schmeckt jetzt schon wunderbar. Wie wird sie erst schmecken, wenn sie sich in herrliche Pralinen verwandelt hat?

Die Schokolade beginnt sich im Topf zu verflüssigen. Aus einem Teil der flüssigen Schokolade, einem Schluck Rum und Kekskrümeln stellt Gertrud eine Masse her, die sie anschließend zu Kugeln formt. Die Kugeln wälzt sie dann noch in Schokostreuseln. Wunderbar! Die Rumkugeln sind ein Gedicht.

Das Rezept für die Trüffel ähnelt ein wenig dem Rumkugelrezept. Aus Kekskrümeln, ein bisschen Sahne und einem Schluck Amaretto wird die Masse hergestellt und zu Kugeln geformt. Nun kann Gertrud ihre Pralinengabel ausprobieren. Jede Kugel wird geschickt auf der Gabel balanciert und einmal in die flüssige Schokolade getaucht. Gekrönt werden die Trüffel von ein paar Nussstückchen, die Gertrud darüberstreut. Gertrud kann es gar nicht abwarten, die Trüffel zu probieren, und kostet die erste Praline, noch bevor die Schokolade getrocknet ist. Einfach nur himmlisch.

Die Königsdisziplin hat sich Gertrud für den Schluss aufgehoben. Sie macht sich daran, die rechteckigen Pralinen mithilfe der Pralinenform zu gestalten. Dafür muss sie die Form zuerst mit Schokolade ausgießen. Damit sie weiterarbeiten kann, stellt sie die Pralinenform mit der Schokolade kurz zum Hartwerden in den Kühlschrank.

In der Zwischenzeit schmilzt sie etwas Nougat und mengt einige Nusssplitter unter die Nougatmasse. Das wird die Füllung für die Pralinen. Sie gießt sie in die Pralinenform. Auch die Füllung muss hart werden und kommt für eine kleine Weile in den Kühlschrank. Dann kommt der letzte Arbeitsschritt. Gertrud gießt noch einmal Schokolade in die Pralinenform, um den Boden der Pralinen herzustellen und die Pralinen so zu schließen.

Geschafft, die Pralinen müssen nur noch auskühlen. – Wie wunderbar sie aussehen! Wie köstlich sie schmecken! Ein zarter Schmelz auf der Zunge.

Jetzt blickt sich Gertrud in ihrer Küche um. Es sieht beinahe aus, als wäre eine Schokoladenbombe in die Luft gegangen. Sie beginnt aufzuräumen, doch dabei kann sie der Versuchung nicht widerstehen, die Schokoladenreste von dem benutzten Besteck zu lecken. Ihr Gaumen ist im Schokoladenfieber und im Freudentaumel. Für Gertrud ist Schokolade die schönste und leckerste Nebensache der Welt.

PLÄTZCHEN: Weihnachtsplätzchen backen

Margot freut sich sehr auf den heutigen Nachmittag. Nachher kommen ihre Tochter und ihr Enkel Paul zu Besuch. Margot und Paul möchten zusammen Weihnachtsplätzchen backen, wie in jedem Jahr. Margot stellt sich in Gedanken schon Pauls Gesicht vor, wenn er sich die zarten Plätzchen auf der Zunge zergehen lässt. Der Kleine grinst dann immer über beide Ohren und leckt sich hinterher genüsslich über seine Lippen, um auch noch die letzten köstlichen Plätzchenkrümel mit der Zunge zu erwischen.

Bis die beiden kommen, hat Margot noch ein wenig Zeit. Gut gelaunt bereitet sie alles für das Plätzchenbacken vor. Im Hintergrund laufen ihre Lieblings-Weihnachtslieder. Während sie die kleine Schüssel, die Küchenwaage, Mehl, Zucker und Salz auf den Küchentisch stellt, summt sie beherzt mit. Dann klingelt es schon an der Tür. Paul begrüßt seine Oma und läuft geradewegs in die Küche.

Noch ehe Margot sich versieht, hat Paul seinen Zeigefinger schon in die Zuckerdose gesteckt und gleich danach in seinen Mund. Sofort breitet sich der süße Geschmack auf seiner Zungenspitze aus. „Na“, ruft Margot mit einem Augenzwinkern, „aber doch nicht mit ungewaschenen Fingern!“ Paul grinst verschmitzt und läuft ins Badezimmer. Mit frisch gewaschenen Händen machen sie sich ans Werk.

Paul verknetet fleißig Mehl, Butter, Eier, Zucker und eine Prise Salz zu einem Mürbeteig. Hin und wieder wandert ein wenig von dem weichen, süßen Plätzchenteig in seinen Mund. Paul würde am liebsten den ganzen Teig auf einmal naschen. So gut wie Oma Margots Weihnachtsplätzchenteig schmeckt kein anderer! Er findet es gar nicht nötig, daraus knusprige Plätzchen zu backen. Zum Glück passt Oma Margot auf, dass sich Paul nicht den Magen verdirbt. Die beiden legen den sorgfältig gekneteten Teig in den Kühlschrank.

Während sie darauf warten, dass der Mürbeteig ausreichend fest geworden ist, holen sie das Nudelholz und die Ausstechförmchen aus der Küchenschublade. Paul darf das Backpapier auf die Backbleche legen und schon einmal etwas Mehl auf der Tischplatte verteilen. Wieder sind sogleich die Finger in seinem Mund. Aber diesmal verzieht er sein Gesicht. Das staubige, geschmacklose Mehl auf der Zunge zu haben, ist wirklich kein Genuss. Margot muss grinsen und reicht ihm ein Glas Wasser.

Dann ist es endlich so weit. Paul rollt den fest gewordenen Plätzchenteig mit dem Nudelholz aus und sticht ganz sorgfältig Sterne, Tannenbäume, Monde, Glocken und Nikolausmützen mit den Ausstechförmchen aus. Ab und an – wenn er glaubt, dass Oma Margot es nicht sieht – wandert etwas von dem festen, kühlen Teig in seinen Mund. Der schmeckt ihm fast noch besser als der weiche, frisch geknetete Plätzchenteig von vorhin. Obwohl es ja eigentlich der gleiche Teig ist. Paul drückt den kalten, festen Plätzchenteig mit der Zunge an seinen Gaumen und lässt ihn im Mund zergehen. Omas Plätzchenteig ist wirklich der allerbeste!

Schon bald duftet das ganze Haus nach frisch gebackenen Plätzchen. Paul bringt seiner Mama ein noch warmes Plätzchen zum

Probieren. „Mmh, die sind euch aber gut gelungen!", schwärmt sie und genießt den Geschmack der ersten selbst gebackenen Weihnachtsplätzchen in diesem Jahr. Und Paul? Paul macht sich mit Oma Margot ans Plätzchenverzieren und nascht schon wieder von dem süßen Zuckerguss …

Schwarz wie die Nacht

Heidi schaut aus dem Fenster. Die Sonne ist nun endgültig untergegangen, und am Himmel leuchten nur noch ein kleiner weißer Mond und ein paar helle, klare Sterne. Der Mond und die Sterne sind umrahmt von der schwarzen Nacht, und Heidi freut sich schon. Heidi freut sich auf diese ganz besondere Nacht. Eine Nacht, die sie schon lange zusammen mit ihrem Mann geplant hat. Heute wollen die beiden tanzen gehen. Sie wollen erst nach Hause kommen, wenn die Sonne wieder aufgeht. So wie früher, als sie noch keine Kinder hatten. Die Kinder sind zwar schon seit einer Weile erwachsen, doch irgendwie haben die beiden es nie wieder geschafft, sich aufzuraffen und die Nacht zum Tag zu machen. Das soll sich heute ändern.

Heidi dreht sich einmal vor dem Spiegel im Flur. Sie trägt ein wunderschönes ausgestelltes Kleid aus schwarzem Samt. Ihre Augen hat sie mit schwarzem Kajal umrandet und die Wimpern tiefschwarz und lang getuscht. Sie erkennt sich selbst kaum wieder. Was ein bisschen Schminke und ein schickes Kleid bewirken können!

Da kommt Ewald die Treppe herunter. Ewald hat einen schwarzen Anzug angezogen. Wie elegant er aussieht! Heidi ist für einen kurzen Augenblick sprachlos. Ewald braucht keine Worte, um auszudrücken, wie er Heidis Aussehen findet. Er pfeift einmal anerkennend und gibt ihr einen langen Kuss. Die Nacht kann beginnen. Ewald hat sich extra für den Anlass eine kleine schwarze Limousine ausgeliehen. Gekonnt öffnet er Heidi die Autotür und lässt sie einsteigen. Alles ist perfekt – die beiden in ihrer schwarzen Garderobe und das glänzend schwarze Auto. Heidi fühlt sich unvorstellbar elegant.

Wenig später schlendern die zwei Hand in Hand zur Stadthalle, die sich für die heutige Nacht in einen Ballsaal verwandelt hat. Alle Besucher des Balls haben sich in Schale geworfen. Die Paare stehen zusammen, schreiten durch den Saal und trinken Champagner. Die Musik kommt am heutigen Abend nicht aus Lautsprechern. Die Tanzmusik wird von einem kleinen Orchester gespielt, das extra für den Abend engagiert wurde. Um sie zum ersten Tanz aufzufordern, verneigt sich Ewald vor seiner Heidi. Diese muss kurz schmunzeln und an ihre erste Tanzstunde denken. Dann nimmt sie die Hand ihres Mannes, und die beiden betreten die Tanzfläche. Heidi legt ihre Hand auf Ewalds Schulter, Ewald stützt Heidi den Rücken, und Walzertöne erklingen. Die ersten Tanzschritte der beiden wirken ein bisschen eingerostet, doch schon bald haben sie sich an den Rhythmus gewöhnt. Wie von selbst bewegen sich ihre Füße. Der samtene schwarze Rock dreht sich mit Heidi.

Es ist ein wunderschöner, gelungener Abend. Auf dem Weg zum Auto tanzen sie noch eine kleine Ehrenrunde unter dem schwarzen Himmel. Bei einer Sache sind sie sich einig: Wenn wieder ein Ball in der Stadthalle stattfindet, sind sie auf jeden Fall dabei.

Himmelblau und Enzian

„Blauer Himmel!“ Judith legt ihren Kopf in den Nacken und sieht nach oben: „Was haben wir für ein Glück mit dem Wetter“, fährt sie freudestrahlend fort. Josefa lächelt und nickt: „Ja, das stimmt. Es ist lange her, dass wir einen so strahlend blauen Himmel auf unseren Wanderungen hatten. Die beiden Schwestern sind zum Wandern in die Berge gefahren. Gestern Abend sind sie auf ihrer Berghütte angekommen, von wo aus sie heute ihre erste Wanderung unternehmen werden. Die Dämmerung hatte schon eingesetzt, als sie ankamen. Die Berge lagen wie gemalt und in dunklen Blautönen vor ihnen. Stille herrschte. Am dunkelblauen Abendhimmel leuchteten schon ein paar Sterne auf, die bei den beiden die Vorfreude auf eine wunderschöne, tiefblaue und sternenklare Nacht weckten.

Sie waren von der Anreise in ihrem hellblauen Auto allerdings so müde gewesen, dass sie kurz nach ihrer Ankunft in ihre Betten fielen und erst heute Morgen mit dem Klingeln ihres Weckers wieder aufwachten. Judith staunte nicht schlecht, als sie in dem gemütlichen Bett mit der blau-weiß karierten Bettwäsche die Augen aufschlug. Sie war nicht ein einziges Mal in der Nacht wachgeworden, so tief hatte sie geschlafen. Auch Josefa hatte tief und fest geschlafen.

Die beiden stehen nun vor der Hütte. Sie haben ihre dunkelblauen Jacken angezogen und packen gerade noch Proviant in ihre Rucksäcke. Am Frühstückstisch haben sie sich bei Kaffee, frisch gebackenem Brot und Laugenbrezeln mit der Wirtin über das Wetter unterhalten. Sie war ganz zuversichtlich, dass es in den nächsten Tagen trocken und sonnig bleiben würde. Während Josefa ihre Thermosflasche im Rucksack verstaut, schwärmt sie noch von dem Frühstücksgeschirr mit dem indisch-blauen Strohblumenmuster – so eins hat ihre Oma auch früher gehabt.

Dann ziehen die beiden frohen Mutes los. Judith trägt wie immer die Wanderkarte. In der Ferne liegen viele Berge, die unter dem hellblauen Himmel in den schönsten Blautönen erscheinen – alle in einem etwas anderen Blau, je nachdem, wie gerade das Sonnenlicht fällt und die kleinen Schäfchenwolken ihre Schatten werfen. Schon nach kurzer Zeit gelangen sie in eine wunderschöne Berglandschaft, in der die Natur noch unberührt ist. Judith und Josefa kommen in den Genuss, viele Alpenblumen zu sehen. Jetzt im Spätsommer blühen sie besonders schön. Das hellblaue Vergissmeinnicht gefällt Josefa sehr. Judith kann sich eher für die mittelblaue Kreuzblume begeistern. Als sie jedoch ein Prachtexemplar eines Enzians in einem tiefen Blau entdecken, sind die Schwestern sich einig, dass dieser an Schönheit nur schwer zu übertreffen ist.

Die beiden machen ihre Mittagspause an einem klaren Bergsee, der in einem angenehmen klaren Blauton in der Sonne glitzert. Das Ufer ist flach, so können sie ihre Füße ein wenig in dem klaren Wasser kühlen. Sie machen eine etwas längere Rast und genießen stillschweigend die wundervolle Aussicht.

Als sie schließlich weitergehen, säumen Glockenblumen ihren Weg, deren Blüten sich dunkelblau mit einem Hauch violett der Sonne öffnen. Judith und Josefa sind so fasziniert von der wunderschönen Pflanzenwelt, dass ihnen ihre Bergwanderung heute nur halb so anstrengend vorkommt wie sonst. Auf dem letzten Stück ihres Rundwegs entdecken sie einen wunderschönen Eisenhut mit dunkelblauen Blüten. Sofort zieht er die beiden in ihren Bann. „Traumhaft schön …“, flüstert Josefa. Judith stimmt ihr nickend zu.

Grüner Frosch

Die Sonne lacht, und Jolanta beschließt, einen kleinen Spaziergang zu unternehmen und die Natur zu genießen. Immer wenn sie eine kleine Pause von ihrem turbulenten Alltag braucht, findet sie in der grünen Natur einen Ausgleich. Sie geht sehr gerne spazieren und hat schon viele Wege rund um ihre Wohnung erkundet.

Heute entscheidet sie sich für einen Weg durch die Felder und Wälder. Auf diese Weise kann sie den richtigen Abstand zu ihrem normalen Trott gewinnen. Der Feldweg ist menschenleer, und Jolanta weiß die Weite und die Stille zu schätzen. Das Getreide auf den Feldern ist noch ganz jung und schwingt in einem blassen Grün im leichten Wind hin und her. Am Wegesrand steht frisches, saftiges Gras. Zwischen den grünen Halmen sieht Jolanta den einen oder anderen kleinen grünen Grashüpfer sitzen. Das Zirpen der Grillen erfüllt die Luft. Jolanta kann sich gar nicht sattsehen an dem frischen Grün, das für sie ein Symbol für Leben und Lebensfreude ist. Sie freut sich über jeden Schritt, den sie geht.

Der Feldweg grenzt auf der anderen Seite an einen kleinen Wald, und Jolanta ist ganz erstaunt, wie rasch sie an dem Wäldchen angekommen ist. Sie genießt den Spaziergang und die Sonne, die ihre Haut wärmt. Auf den Wald freut sie sich allerdings auch: Dort sprießen die Blätter der Bäume grün aus den Ästen hervor und verbreiten eine ungeahnte Zuversicht. Das Grün der neuen Blätter ist hell und voller Leben, das Grün des Mooses strahlt Ruhe und Verlässlichkeit aus. Als Jolanta zu einer Bank kommt, macht sie eine kurze Pause und setzt sich hin. Die Bank steht an einem kleinen Teich. Wenn man nicht weiß, dass an dieser Stelle ein Teich ist, kann man ihn auf den ersten Blick fast nicht sehen. Die Oberfläche des Teichs ist über und über mit grüner Entengrütze bedeckt.

Neulich hat Jolanta in der Zeitung gelesen, dass Entengrütze, also Wasserlinsen, auch für den Menschen ein sehr gesundes Nahrungsmittel sein soll. Die kleinen Wasserlinsen sehen allerdings nicht sehr schmackhaft aus, findet Jolanta und überlässt das grüne Gemüse dann doch lieber dem Entenpaar, das sich auf dem Teich wohlfühlt. Plötzlich hört Jolanta etwas quaken. Sie kneift die Augen etwas zusammen und versucht, den Urheber des Quakens zu entdecken. Dann sieht sie ihn. Dort sitzt er – ein kleiner grüner Frosch. Man muss schon ganz genau hinschauen, um ihn zwischen den grünen Wasserlinsen zu erspähen.

Jolanta freut sich und beschließt, noch ein Weilchen auf der Bank auszuruhen. Sie lässt die vielen Grüntöne weiter auf sich wirken und ist voller Dankbarkeit für das wilde, unberechenbare und doch wundervolle Leben um sie herum.

Das gelbe Fahrrad

„Trari, trara, die Post ist da …!“ Gabriel saust mit seinem gelben Spielzeugauto über den Küchenfußboden. „Trari, trara…“, so tönt es den ganzen Tag durchs Haus. Was Gabriel einmal werden möchte, wenn er groß ist? Genau: ein Postbote. Gabriels Lieblingsfarbe ist natürlich Gelb. Gelb wie der Briefkasten an der nächsten Straßenecke. Gabriel trägt mit Vorliebe gelbe Hosen und gelbe T-Shirts. Da seine Mutter nicht auf jedes seiner gelben T-Shirts ein schwarzes Posthorn malen möchte, haben sie gemeinsam ein Posthorn aus Pappe gebastelt. Dieses Posthorn kann sich Gabriel mit zwei Sicherheitsnadeln ganz einfach anstecken, wenn er einmal wieder dabei ist, Postbote zu spielen.

Gabriel hat ein gelbes Fahrrad – wie ein echter Postbote. Es ist sein ganzer Stolz. Mit seinem Fahrrad fährt er in Windeseile über den Hof und verteilt die vielen Briefe, die er im Laufe der Zeit alle selbst gebastelt hat. Wenn Gabriel Postbote spielt, stehen vier gelbe Pappkartons über den Hof verteilt, die er alle selbst mit einem Posthorn bemalt hat. „Das sind die Briefkästen, in die die Leute ihre Briefe werfen“, erklärt er immer, wenn jemand zu Besuch auf den Hof kommt und fragt, was denn die vier gelben Pappkartons dort zu bedeuten haben. Gabriel fährt dann mit seinem gelben Fahrrad zu den Briefkästen und leert sie aus. Später wirft er die Briefe in den Hausbriefkasten oder durch den Briefschlitz in der Haustür seiner Großeltern.

Wenn der Postbote kommt, ist das für Gabriel immer ein ganz besonderer Augenblick. Oft steht er schon ungeduldig an der

Haustür. Der Postbote kennt Gabriel natürlich. Und er lässt sich gerne von ihm helfen. Sobald Gabriel den Postboten mit seiner schwarz-gelben Jacke sieht, eilt er hinaus und begrüßt ihn freudestrahlend. Der Bote sucht die Briefe an Gabriels Eltern und die Großeltern aus der großen gelben Tasche heraus und überreicht sie seinem Gehilfen. Mit einem freundlichen „Vielen Dank, Gabriel, bis morgen", verabschiedet er sich und zieht weiter.

Gabriel hält die Briefe ganz fest in seiner Hand, damit sie bloß nicht herunterfallen. Ganz stolz geht er durch den Vorgarten. Im Frühling blühen dort die Osterglocken in wunderschönen warmen Gelbtönen. Die gefallen ihm besonders gut. Allerdings ist er der Meinung, dass die Osterglocken besser „Postblumen" heißen sollten – schließlich sind sie doch so gelb wie das Postzeichen mit dem schwarzen Posthorn. Der Name hat sich in der Familie jedoch leider noch nicht durchgesetzt.

Gabriel muss auf die Treppenstufen vor dem Haus steigen, damit er an den Briefkasten herankommt. Vorsichtig öffnet er die Klappe und wirft einen Teil der Briefe hinein. Dann steigt er auf sein gelbes Fahrrad, legt die restlichen Briefe in seinen Fahrradkorb und radelt über den Hof zu Oma und Opa. Schon von Weitem hört Oma das „Trari, trara, die Post ist da!" und öffnet das Küchenfenster. „Na, da kommt ja mein Lieblingspostbote!", ruft sie ihm lachend entgegen. „Hast du einen Moment Zeit, um dich mit warmem Apfelpfannkuchen und Vanillesoße zu stärken?" Was für eine Frage ... Gabriel stellt sein Fahrrad vor dem Haus ab und wirft die Briefe durch den Türschlitz: „Ja klar, Omi, gelbe Vanillesoße ist doch das beste Postboten-Essen der Welt!", erklärt er grinsend.

Ein Kleid in Weiß

Hermine geht die lange Treppe zum Dachboden hinauf. Gestern hat ihre Tochter ihr gesagt, dass sie heiraten wird. Hermine ist sehr glücklich darüber. Sie hat schon lange auf diesen Tag gewartet und möchte ihre Tochter mit etwas ganz Besonderem überraschen. Ihr altes weißes Hochzeitskleid liegt, gut verstaut, in einer alten Truhe auf dem Dachboden. Schon als kleines Mädchen hatte ihre Tochter immer erzählt, dass sie eines Tages das Kleid ihrer Mutter zu ihrer eigenen Hochzeit tragen würde. Nun war es also so weit. Hermine öffnet die Truhe und blickt in einen weißen Stoffhaufen aus Tüll und Spitze.

Langsam entfaltet sie das Kleid und sieht vor ihrem inneren Auge ihre Tochter in diesem weißen Traum zum Altar laufen. Die weiße Schleppe zieht sie hinter sich her. Der weiße Schleier verdeckt ihr Gesicht. In den Händen hält sie einen Strauß aus weißen Rosen. Nach der Trauzeremonie wird der Schleier für den Kuss vom Gesicht entfernt, und die weißen Zähne ihrer Tochter strahlen in ihrem lächelnden Gesicht. Nach der Kirche läuft sie in dem weißen Kleid durch einen Regen aus weißem Reis. So wie der Reis wird das Glück auf sie herabrieseln, und Hermine wird dafür sorgen, dass ein paar weiße Tauben im rechten Moment losfliegen, um die Treue des frischgebackenen Ehepaares zu symbolisieren. Gemeinsam steigt das Paar in eine weiße Kutsche, die von vier weißen Pferden gezogen wird. Der Himmel strahlt leuchtend blau, und nur ein paar einzelne weiße Watte-Wolken lockern das Bild ein bisschen auf.

Hermine überlegt, ob ihre Tochter das Kleid wohl wirklich noch haben will. Vielleicht möchte sie doch lieber ein moderneres Kleid? Sie möchte ihre Tochter auch nicht in Verlegenheit bringen. Am besten zeigt sie ihr das Kleid noch mal ganz in Ruhe und lässt sie dann selbst entscheiden. Es sähe wirklich wunderschön an ihr aus.

Jetzt muss das Kleid aber erst gereinigt und gebügelt werden. Hermine überlegt, ob sie ihrer Tochter ihre Perlenkette schenken soll. Die Hochzeit wäre ein guter Anlass. Am Hals ihrer Tochter würden die Schönheit und der Glanz der weißen Perlen wunderbar zur Geltung kommen.

Mit dem üppigen Kleid bepackt steigt Hermine die Treppe hinab. Sie kann vor lauter weißem Tüll fast nichts sehen. Sie ist gerade unten angelangt, da klingelt es an der Tür. Hermine öffnet die Tür und muss erst mal ein bisschen Tüll vor ihrer Nase wegschieben, um zu erkennen, dass ihre Tochter dort steht.

„Oh, Mama!", ruft sie. „Das ist ja dein Hochzeitskleid! Ich habe mich gar nicht getraut zu fragen, ob ich es bei meiner Hochzeit tragen darf." Die junge Frau fällt Hermine um den Hals „Natürlich darfst du." Hermine lächelt. „Ich freue mich schon darauf, seit du ein kleines Mädchen bist. Das wird ein Traum in Weiß!" Mutter und Tochter strahlen sich an.

Die folgenden Klanggeschichten können die Senioren aktiv mitgestalten. Jeder Teilnehmende bekommt eine Rassel, einen Regenmacher, ein Glöckchen, Geschenkpapier, ein Percussion-Instrument, einen Topf mit Kochlöffel oder eine Hupe – jeweils wie angegeben. Immer wenn in den Geschichten von den entsprechenden Geräuschen die Rede ist, lassen die Senioren ihre Klanginstrumente auf die beschriebene Art ertönen.

Rasseln können Sie auf vielfältige Weisen selbst machen. Besonders gut eignen sich für die Klanggeschichten auch Rasseleier. Wie man Regenmacher selbst macht, erfahren Sie auf Seite 9.

RASSEL: Kochen

Luise war sonntags gerne bei Oma und Opa zu Besuch. Gleich nach der Kirche tippelte sie mit ihren schwarzen feinen Lackschühchen zu ihnen herüber. Sie wohnten glücklicherweise ganz in der Nähe. Schon an der Eingangstür konnte sie den Duft des leckeren Sonntagsessens riechen. Da Oma beim Kochen meist das Fenster auf hatte, hörte Luise sie auch schon in der Küche leise klappern.

Luise klingelte. Gerade hörte sie noch, wie Oma den Kochlöffel dreimal am Kochtopf abklopfte, da öffnete Opa ihr auch schon die Tür. Sie umarmte ihn und klackerte mit schnellen Schritten zu Oma in die Küche. Oma kam ihr schon entgegen und drückte ihre Kleine.

„Oma, was gibt es heute?“, fragte Luise, während sie schon auf Zehenspitzen in Richtung Herd tippelte, um in den Topf zu schauen. „Sauerbraten mit Kartoffelklößen und Rotkohl“, antwortete Oma. Luise lief das Wasser im Mund zusammen. Das war eins ihrer liebsten Gerichte. Oma nahm Luise auf den Arm und ließ sie eins – zwei – drei, in alle Töpfe schauen. „Es dauert aber noch etwas“, sagte sie dann und stellte Luise mit einem „Klack“ wieder auf ihre Lackschühchen.
Am Sonntag durfte Luise ihre Lackschühchen bei Oma immer anlassen – weil sie sie so gerne hatte und doch so selten anziehen durfte, eben nur am Sonntag. Den ganzen Tag über hörte man das Klackern ihrer kleinen Absätze in Omas und Opas Haus.

Während Luise auf das Essen wartete, spielte sie mit Opa im Wohnzimmer Karten. Im Hintergrund hörte man, wie Oma in der Küche zugange war. Es klapperte gleichmäßig im Topf, wenn sie den Rotkohl umrührte, und dann dreimal hintereinander, wenn sie den Löffel abklopfte.

Besonders mochte Luise das laute Klappern des Geschirrs. Dann wusste sie, dass es bis zum Mittagessen nicht mehr lange dauern konnte. Wenn sie dann noch hörte, wie Oma im Esszimmer nach und nach das Besteck auf den Tisch legte, konnte sie nichts mehr halten. Ihre Lackschühchen klapperten aufgeregt über den Fußboden, während sie in die Küche lief, um Oma zu helfen. Oma steckte gerade noch einen Löffel – klack! – in den Rotkohl und einen – klack! – in die Schüssel mit den Klößen, und dann gingen beide mit langsamen, vorsichtigen Schritten ins Esszimmer und stellten die Schüsseln auf den Tisch. „Essen ist fertig!", riefen sie gemeinsam. Und schon kam Opa beschwingt aus dem Wohnzimmer gelaufen …

RASSEL: Frühling

Anna ging vorsichtig und behutsam durch das frische Gras … es raschelte gleichmäßig unter ihren Füßen. Sie genoss die ersten Sonnenstrahlen in diesem Jahr und den Geruch von frischer Frühlingsluft.

Der leichte Wind ließ die kleinen Blätter der Hecke ganz leise und in sanften Tönen hin und her rascheln. Auf einmal landete ein Vogel neben Anna auf der Wiese. Seine Flügel schlugen im Landeanflug ganz schnell, und das Gefieder raschelte so laut, dass sich Anna im ersten Moment erschrak. Als sie aber sah, dass es nur ein Vogel war und der jetzt auch ganz leise und gleichmäßig durch das Gras raschelte, blieb sie ruhig stehen und genoss den Anblick des kleinen Frühlingsboten. Anna bewegte sich nun ganz vorsichtig, damit sie ja nicht zu viel raschelte und den Vogel verscheuchte. Sie schaute sich die Blumenbeete an. Für den nächsten Tag nahm sie sich vor, das Unkraut zu jäten – der Garten sah ja wirklich furchtbar aus!

Sie zupfte energisch einen, zwei, drei Halme aus dem Boden, von denen sie dachte, sie müssten sofort entfernt werden.
Doch was sah sie da? Die kleinen grünen Spitzen der ersten Tulpen und Krokusse bahnten sich ihren Weg aus der Erde der Sonne entgegen. Und Anna stellte sich völlig verzückt vor, die Spitzen würden jetzt gerade in diesem Moment ein kleines Stückchen weiter wachsen und sich ganz vorsichtig Richtung Sonne bewegen …

Noch lange hätte sie so dort stehen und die Beete betrachten können, wenn sie nicht ein leises Rascheln hinter sich gehört hätte. Es raschelte immer ein, zwei Mal und hörte wieder auf. Dann ging es wieder eins, zwei und war wieder still. Und noch mal eins, zwei … Was war denn das bloß?

Anna drehte sich vorsichtig um und entdeckte ganz hinten auf der Wiese ein Kaninchen, das gemütlich durch das Gras hoppelte. Es schnupperte ganz gleichmäßig mit seinem kleinen Näschen und suchte bestimmt frischen Klee. Auf einmal erschrak Anna, weil sie ein lautes Geräusch gehört hatte: Der Vogel hatte sich vor dem Kaninchen erschrocken und war mit lautem Rascheln seiner Flügel weggeflattert. Durch das laute Geraschel hatte sich wiederum das Kaninchen erschrocken und verschwand mit einem einzigen, lauten Satz im Gebüsch.

Anna beobachtete noch einen kleinen Augenblick die Blätter, die sich im Nachklang gleichmäßig bewegten, bis sie schließlich wieder ganz still waren. Sie war ganz verzückt von den Frühlingsboten, spazierte gemütlich noch eine Runde durch den Garten, atmete noch einmal die herrliche Frühlingsluft ein und ging dann ins Haus, um sich einen Kräutertee zu machen …

REGENMACHER: Das Rauschen des Meeres

Wie Sie Regenmacher für diese Klanggeschichte auf einfache Weise selbst herstellen können, erfahren Sie auf Seite 9.

Im Urlaub höre ich immer genau auf das gleichmäßige Rauschen des Meeres, wenn wir am Strand spazieren gehen. Und wenn ich dann auf das Wasser schaue, ist es oft ein atemberaubendes Gefühl zu sehen, wie weit der Ozean doch reicht. Je nachdem, wie stark der Wind bläst, hört man nur ein ganz leises, gleichmäßiges Rauschen. Es kam aber auch schon vor, dass die Wellen ganz laut waren und man in dem Rauschen das kräftige Aufschlagen der Wellen auf der Wasseroberfläche hörte. Da wird mir fast ein bisschen mulmig, wenn ich mir erst das laute Rauschen des Meeres bei einer Sturmflut ausmale.

Zum Glück habe ich so eine Sturmflut noch nie miterlebt. Für mich gehört das sanfte Rauschen der Wellen zu unserem Strandurlaub dazu. Mein Mann ist lange Zeit gesegelt, für die Segler gehört ein kräftiges Rauschen des Meeres zu einem anständigen Segeltörn dazu. Wenn ich daran denke, kommt mir immer das Lied „Wir lieben die Stürme“ in den Kopf. Noch heute summe ich es manchmal, wenn das Rauschen der Wellen mal etwas lauter ist.
Meist gehen wir ganz gemütlich im Sand spazieren. Das Wasser liegt ruhig am Horizont, und das Rauschen ist eher gemächlich und gleichmäßig, genau so, dass man weiß, dass es da ist. Ich lasse mir von dem Wasser meine Füße umspielen, nehme die Hand meines Mannes und lasse mich von dem beruhigenden Rauschen des Meeres und dem leichten Wind eine Weile tragen …

HUPE: Hupende Autos

Gestern sind wir aus dem Urlaub wiedergekommen. Mein Mann Paul, unsere Kinder Dennis und Maike und ich. Es war ein schöner Urlaub. Wirklich! Doch rückblickend muss ich sagen: Ich habe noch nie in einem Urlaub so viele laut hupende Autos gehört.

Das wilde Hupen fing schon auf der Hinfahrt an. Natürlich standen wir im Stau – wie eigentlich immer auf der Fahrt in den Urlaub. Nur war dieser Stau auf dem Weg in die Berge ewig lang. Es ging einfach nicht mehr weiter: Wir standen und standen und standen. Auf der Rückbank fingen die Kinder an, unruhig zu werden. Und so wie Maike und Dennis wurden auch die Autofahrer hinter uns langsam unruhig. Zuerst hupte ein Auto. Dann hupten drei Autofahrer kurz hintereinander. Einer von ihnen war wohl schon so verärgert, dass er danach noch zweimal richtig lang und laut hupte.

Was keiner der Autofahrer wusste – wir übrigens auch nicht, – war, dass die Autobahn komplett gesperrt war. Ich erinnere mich noch, dass es bald darauf ein lautes, schnelles Hupkonzert aller Autofahrer gab und ich gerade meinem Mann sagen wollte, dass ich am liebsten zu Fuß weitergehen würde, als ich auf einmal ein Martinshorn hörte. Das Geräusch des Martinshorns kam näher, und mit der lauter werdenden Sirene verstummten nach und nach alle Autohupen. Mit einem Mal war es fast vollkommen ruhig. Ich atmete einmal tief ein und aus. Dann entschied ich, dass es Zeit für ein Picknick wäre, und packte unsere mitgebrachten Leckereien aus. Für meine Kinder war das Picknick auf der Autobahn das spannendste Erlebnis des ganzen Urlaubs.

Nach zwei weiteren Stunden ging es weiter, der Stau löste sich auf. Einer unserer Staunachbarn hupte noch einmal ganz freundlich als er an uns vorbeifuhr, und dann ging es ohne das leiseste Hupen weiter bis zu unserem Ferienhaus. Damit war das Hupen aber leider nicht vorüber …

Wie gesagt, wir fuhren in die Berge. Und in den Bergen gibt es Schafe, Kühe und noch mehr Tiere. Die Kuh- und Schafherden hatten es uns in diesem Jahr wirklich angetan. Auf fast jedem Weg zu einem unserer Tagesausflüge stand mindestens eine Herde auf der Straße. Wir kannten das, und es machte uns wie immer nichts aus – wir waren ja im Urlaub. Andere Verkehrsteilnehmer sahen dies aber leider nicht so. Uns erwartete schon das nächste energische Hupkonzert, wenn wir nur in die Nähe einer Kuhherde kamen. Meist fing es nur mit einem einzelnen, vorsichtigen Hupen an, dann folgte dreimaliges Hupen hintereinander, und am Ende stimmten alle Autofahrer im gesamten Umkreis mit ein.

Als wir während einer Wandertour auf einer Almhütte einkehrten und ich beim Anblick einer Kuh unwillkürlich auf ein Hupen wartete, hatte ich genug. Die restlichen Urlaubstage verbrachten wir nur noch in den umliegenden Bergen, die wir auch zu Fuß erreichen konnten. Wir nahmen Pfade weitab der Straßen, nutzten Feld- und Wanderwege. Und tatsächlich – so gelang es uns, dass wir doch noch einen sehr ruhigen und erholsamen Urlaub in den Bergen hatten.
Bis wir auf der Rückfahrt auf das nächste Stauende zufuhren …

RASSEL: Was raschelt denn da?

Was raschelt denn da so leise im Gras vor sich hin?! Seid mal alle ganz still …

Dort hinten bewegen sich die Blätter unter der Hecke, aber sehen kann man nichts. Da! Ein lautes Rascheln und Klopfen … Jetzt ist es wieder ganz still.

Wer mag das nur sein? Die Pflanzen hier im Garten bewegen sich gleichmäßig und sachte. Hier und da summt eine Hummel vor sich hin. Aber weit und breit ist nichts zu erkennen, das dieses Rascheln verursacht. Mal raschelt es leise vor sich hin, mal raschelt es ein-, zweimal ganz kräftig, und dann ist es wieder ganz still.

Mit gleichmäßigen Schritten gehen wir durch den Garten. Vorbei an Tulpen, Narzissen und Krokussen. Dahinten bei den Veilchen fällt uns etwas Gelbes auf. Langsam schleichen wir uns heran und schieben die Blätter zur Seite. Ein Ei! Da liegt ein gelbes Osterei!

Da fällt es mir wieder ein: Das gleichmäßige Rascheln unter der Hecke kann nur der Osterhase gewesen sein. Bei dem lauten Klopfen, das wir gehört haben, hat er bestimmt einen Satz zwischen den Blumen hindurch gemacht.

Da bekommt man nach so vielen Jahren noch Besuch vom Osterhasen! Um ihn nicht zu verscheuchen, gehen wir vorsichtig und mit leisen Schritten zurück zur Terrasse und setzen uns.

Einen Moment lang ist es ganz still, dann ist das leise Rascheln wieder da. Und es klopft: eins, zwei, drei … Dahinten unterm Baum liegt ein neues Osterei. Aber weit und breit ist kein Osterhase zu sehen. Nicht einmal eine Ohrenspitze oder ein Stummelschwanz. Wie er das nur macht?

Es wird sein Geheimnis bleiben … Aber jedes Mal, wenn wir von nun an auf unserer Terrasse sitzen und ein leises, gleichmäßiges Rascheln hören, werden wir an den Osterhasen denken und uns freuen, dass er zu Besuch gekommen ist.

RASSEL: Karneval

Gertrud und ihre Freundinnen Marie und Anna machen sich gemeinsam für den Rosenmontagszug fertig. Am Morgen beim Frühstück waren die drei Frauen schon ganz aufgeregt und liefen beim Tischdecken emsig hin und her. Dabei raschelte die Brötchentüte ganz wild mit, weil Anna vergessen hatte, sie aus der Hand zu legen. Als sie das merkte, legte sie die Tüte vorsichtig auf den Tisch, sodass sie nur noch einmal leise raschelte. Dafür raschelte jetzt gut hörbar die Kleidung der drei, als sie sich gemeinsam an den Tisch setzten.

Sie aßen ihre Brötchen, tranken Kaffee und räumten anschließend den Tisch ab. Beim Abräumen konnte man das gleichmäßige Rascheln der Bewegungen und das Klirren des Geschirrs hören. Dann raschelte es immer weniger. Die drei gingen die Treppen hinauf ins Schlafzimmer, wo sie am Vorabend schon ihre Kostüme aufgehängt hatten. Als sie die Tür aufmachten, raschelten die dünnen Kleiderhüllen ganz leise durch den leichten Luftzug. Gertrud und Anna war auf einmal ganz andächtig zumute. Sie zogen vorsichtig die Kleiderhüllen von den Bügeln ab, sodass man ein gleichmäßiges Rascheln hörte. Marie hingegen rupfte ihre Hülle mit ganz schnellem und lautem Rascheln einfach herunter. Sie war so gespannt auf ihr Katzenkostüm, dass sie es nicht länger abwarten konnte. Voller Eifer, aber auch vorsichtig, damit den Kostümen nichts passierte, zogen die drei sich an.

Mal hörte man nur ein leises Rascheln und ein gleichmäßiges Murmeln, mal ein wildes Rascheln und Glöckchen-Klingeln, als

Gertrud ihr Harlekin-Kostüm anzog. Anna ging dieses Jahr als Balletttänzerin und hatte sich natürlich ein Tüllröckchen genäht. Die verschiedenen Tüllschichten raschelten auffällig und ganz gleichmäßig, als sie ihr Kostüm anzog. Auch als sie sich damit bewegte, vernahm man ein leises Rascheln …

Gertrud, der Harlekin, hingegen raschelte und klingelte viel lauter als Anna, bei jedem Schritt: rechts, links, rechts, links … Aber Aufmerksamkeit auf sich zu ziehen ist ja nun einmal eine der Aufgaben eines Harlekins. Mit kurzen, schnellen Bewegungen raschelte Marie hinter den beiden her, als sie gemeinsam das Haus verließen. Sie war wie immer als Letzte fertig geworden. Voller Vorfreude und Heiterkeit raschelten die drei zum Rosenmontagsumzug daher …

TOPF UND KOCHLÖFFEL: Hans am Herd

Hans ist seit vielen Jahren Koch. Und seit mehr als 30 Jahren leitet er die Küche der Gaststätte „Zum ersten Fuchs". Hans liebt es, in seinen Töpfen zu rühren. Besonders mag er es, ganz langsam einen Eintopf oder eine Suppe in einem großen Topf umzurühren und dabei ein wenig innezuhalten in seinem sonst so hektischen Alltag.

Er brät aber auch gerne Zwiebeln scharf an. Dann muss er ganz schnell in einer Pfanne rühren, damit die Zwiebeln nicht anbrennen. Er gibt eine gute Portion Bratenfond dazu, rührt Gewürze und Kräuter ein und zaubert daraus eine wunderbare Soße. Kurz probieren – lecker!

Teig rührt er natürlich auch, wie er es früher gelernt hat, mit einem Kochlöffel, nicht so neumodisch mit einer Küchenmaschine. Dabei muss er viel Kraft aufwenden und die einzelnen Zutaten langsam unterheben. Zum Schluss knetet er den Teig kräftig mit den Händen durch.

Wenn Hans Gemüse im Topf andünstet, schiebt er die klein geschnittenen Stückchen schnell, aber vorsichtig hin und her. Dabei muss er immer aufpassen, dass er alle Stückchen gleichmäßig bewegt, damit ihm nichts anbrennt.

Die Vielseitigkeit mag er besonders an seinem Beruf. Mal rührt er langsam, mal muss er schnell rühren. Bei dem einen Gericht muss er Zutaten unterheben und bei dem anderen Gericht vorsichtig in einer Pfanne hin- und herschieben.

Gerade diese Leidenschaft und das Gefühl für die vielen verschiedenen Zutaten machen seinen Beruf aus, findet Hans. Und wenn ein Koch mit seinem Kochlöffel in einem Topf rührt, kann er dabei ganz mit seinem Gericht verschmelzen.

Aber eins macht er nur in seiner Küche zu Hause und nicht im Restaurant: mit dem Kochlöffel laut an den Topf schlagen, um die Familie zum Essen zu rufen. So hat es seine Mutter früher schon gemacht …

RASSEL: Was raschelt denn da? Der Nikolaus?

Wenn der Nikolaus über den frisch gefallenen Schnee läuft, dann raschelt es gleichmäßig unter seinen Füßen. In diesem Jahr ist reichlich Schnee gefallen, also raschelt es gleichmäßig bei jedem Schritt, den der Nikolaus macht. Viele Kinder können den Nikolaus hören, wenn er so durch den Schnee stapft, und das Stapfen ist nicht das Einzige, womit der Nikolaus Geräusche verursacht.

Manchmal nimmt er sich die Zeit und streicht seinen langen weißen Rauschebart glatt. Wenn man genau hinhört, dann hört man ein ganz, ganz leises Rascheln aus dem flauschigen Bart dringen.

In seinem Sack hat der Nikolaus viele kleine Geschenke für alle Kinder dieser Welt. Die Geschenke sind in buntes Geschenkpapier eingepackt, und wenn die Geschenke beim Gehen durcheinandergeschüttelt werden, raschelt der Sack so laut und wild, dass man kaum noch ein gesprochenes Wort verstehen kann.

Natürlich verteilt der Nikolaus auch in diesem Jahr wieder Mandarinen und Nüsse. Die Nüsse sind in einem kleinen Extra-Sack. Sie rascheln auch, aber das Rascheln klingt hart und kurz.

Es ist schön, dass der Nikolaus so viele Geräusche macht. Kinder freuen sich, wenn sie den Nikolaus hören. Ein Rascheln kann für Kinder sehr geheimnisvoll und verheißungsvoll sein. Und so lauschen die Kinder ganz genau, wenn der Schnee unter Nikolaus' Füßen gleichmäßig raschelt, wenn der Nikolaus seinen Bart streichelt und es ganz, ganz leise raschelt, wenn die Geschenke im Nikolaussack durcheinandergeschüttelt werden und es ganz laut und wild raschelt, und auch, wenn die Nüsse in dem kleinen Extra-Sack hart und kurz rascheln. Jedes noch so kleine und zarte Nikolausrascheln kann ein Lächeln auf das Gesicht eines Kindes zaubern.

GLÖCKCHEN: Kling, Glöckchen?

Kling, Glöckchen, klingelingeling … Mathilde mag dieses Weihnachtslied sehr und tanzt jedes Mal, wenn sie die vertrauten Klänge hört. Schon als Baby hat sie bei „Kling, Glöckchen, klingelingeling“ immer über beide Ohren gestrahlt.

Mathilde ist ein echtes Weihnachtskind. Sie liebt die Adventszeit. Den Duft von Kerzen, Tannengrün, Früchtetee und Zimt, die Weihnachtslieder und die vielen Lichter. Als sie in diesem Jahr am ersten Advent durch das Haus streift, fallen ihr das erste Mal die vielen Glöckchen auf, die ihre Mutter im Haus verteilt hat. Meist sind es goldene Glöckchen. Da hängen Glöckchen am Adventskranz, Glöckchen an den Fenstern, und auch an die Türen hat die Mutter Glöckchen gehängt.

Besonders viel Freude hat Mathilde mit den Glöckchen an den Türen. Jedes Mal, wenn sie die Türen auf oder zu macht, klingeln die Glöckchen. Mathilde stellte sich oft vor, sie wäre das Christkind, für das leise die Glöckchen klingelten … Es liegt ein wahrer Zauber in der Luft.

Den ganzen Tag hat Mathilde das Lied „Kling, Glöckchen, klingelingeling“ im Ohr und summt es vor sich hin. Und auch in der Schule gehen ihr die Klänge nicht mehr aus dem Kopf. Ihr Lehrer macht sogar eine ganze Unterrichtsstunde nur zu dem Thema Glöckchen. Dort lernt sie auch, dass es in dem Lied „Kling, Glöckchen, klingelingeling“ darum geht, das Christkind einzulassen. „Öffnet mir die Türen, lasst mich nicht erfrieren“, heißt es dort, das weiß sie schon.

Mathilde ist von all den Glöckchen ganz verzückt. Überall hört sie nur noch laute Glöckchen, leise Glöckchen, Glöckchen, die schnell klingeln und auch welche, die langsam klingeln – wie zum Beispiel die große Kirchturmglocke.

Am Heiligen Abend, als die Glocke im Kirchturm feierlich zur heiligen Messe einlädt, geht die ganze Familie in die Kirche. Mathilde ist schon ganz aufgeregt und fragt sich die ganze Zeit, ob das Christkind schon zu Hause war und Geschenke unter den Baum gelegt hat. Sie hat den ganzen Tag eifrig versucht zu lauschen, ob sie ein Glöckchen hört. Aber da war weder ein leises Glöckchen-klingeln noch ein lautes Klingeln.

Auf dem Weg nach Hause klopft ihr kleines Herz ganz aufgeregt vor Vorfreude. Das Läuten der Kirchturmglocke wird bei jedem Meter leiser, bis sie es gar nicht mehr hören und es auf einmal ganz still ist. Als sie in dieser Stille das Haus betreten, hört Mathilde auf einmal ganz leise ein Glöckchen klingeln. Vor Aufregung vergisst sie fast zu atmen. Ob dies das Glöckchen des Christkinds war?

Die Tür des Weihnachtszimmers öffnet sich, und Mathilde steht auf einmal vor dem wunderschön geschmückten und hell erleuchteten Weihnachtsbaum. Und da ist er wieder, dieser Zauber. Der Zauber der Weihnacht. Und niemandem außer Mathilde fällt an diesem Abend das kleine goldene Glöckchen auf, das fast versteckt an einem Tannenzweig an der Rückseite des Baumes hängt …

GESCHENKPAPIER: Das raschelnde Geschenkpapier

Endlich war Heiligabend da! Mia und Max konnten den Moment, in dem sie eifrig ihre Geschenke auspacken würden, gar nicht mehr abwarten. Sie liebten es, wenn das Geschenkpapier laut raschelte und endlich die ersehnten Spielsachen darunter zum Vorschein kamen. Ständig lauschten sie an allen Türen und versuchten, das Christkind zu hören. Vielleicht war es ja gerade damit beschäftigt, ihre Geschenke einzupacken.

Tatsächlich war ein leises Rascheln von Geschenkpapier im Haus zu hören. Allerdings war das Rascheln so leise, das Mia und Max es vor lauter Aufregung gar nicht hörten.

Und es war auch nicht das Christkind, das leise mit dem Geschenkpapier raschelte – es war ihre Mutter, die im Keller die Weihnachtsgeschenke einpackte. Ganz leise und vorsichtig, damit die Kinder das Rascheln des Papiers bloß nicht hörten. Es machte ihr Freude, dass ihre Kinder von dem weihnachtlichen Zauber noch so zu begeistern waren und sich so sehr auf das Christkind freuten.
Und als sie so in Erinnerungen an die vergangenen Weihnachtsfeste schwelgte, da passierte es. Sie stieß mit dem rechten Arm, mit dem sie gerade eine Schleife um ein Päckchen wickelte, gegen den Karton, in dem das Geschenkpapier lag. Mit einem lauten „Rums!" und mit viel Knistern und Rascheln fielen alle Geschenkpapier-Rollen auf den Boden. Sie versuchte noch, ein paar Rollen aufzufangen, doch das löste nur noch lauteres Rascheln des Papiers im Keller aus.

Die Mutter hielt den Atem an. Die aufgeregten Schritte der Kinder im Obergeschoss stoppten. Auf einmal war es ganz still im Haus. [Halten Sie einen Moment inne, bevor Sie weiterlesen.]

Dann ging das Getrappel der Kinderfüße unbekümmert weiter. Mit einem Seufzer der Erleichterung legte die Mutter vorsichtig eine Geschenkpapier-Rolle nach der anderen wieder in den Karton. Sie raschelte dabei lediglich ein bisschen, jedoch kam es ihr in der Stille so laut vor, als könnte man das Rascheln des Geschenkpapiers noch bis zu den Nachbarn hören. Sie hoffte sehr, dass die Kinder nichts von ihrem Missgeschick mitbekommen hatten …

Nachdem sie alle Geschenke weiter vorsichtig eingepackt hatte und das Papier nur leise geraschelt hatte, ging sie heimlich, still und leise die Kellertreppe wieder hinauf.

Die Geschenke würde ihr Mann später unter den Baum legen, auch ganz vorsichtig und leise, damit das Geschenkpapier bloß nicht laut raschelte.

Für die Kinder war es das spannendste Weihnachtsfest seit Langem. Entgegen den Befürchtungen ihrer Mutter dachten sie nicht einmal daran, dass der Knall und das laute Rascheln des Papiers von ihr verursacht worden war. Schon in der Kirche, lange vor der Bescherung, erzählten sie mit glühenden Wangen, dass sie am Nachmittag bereits das Christkind im Haus gehört hatten. Und dass es so laut mit dem Geschenkpapier geraschelt habe, dass sie es bis in die Kinderzimmer hatten hören können.

Das, was die Kinder an diesem Weihnachtsfest am meisten verzaubert hatte, waren aber nicht nur die vom „Christkind“ eingepackten Geschenke. Sondern, dass der Glaube an ein echtes Christkind plötzlich wieder ganz allgegenwärtig war. Und der Glaube, die Hoffnung und die Freude, die wir uns schenken, ist doch an Weihnachten das Allerwichtigste!
Frohe Weihnachten!

GLÖCKCHEN: Schneeflöckchen oder Klingglöckchen?

Für diese Klanggeschichte benötigen Sie für jeden Teilnehmer eine kleine Glocke. Die Geschichte kann auch gut mit Triangel oder Schellen begleitet werden. Immer, wenn das „Fallen" des Schnees in der Geschichte thematisiert wird, ahmen die Teilnehmer die fallenden Schneeflocken mit den Glocken nach.

Zu Weihnachten sehnen sich viele Menschen nach Schnee. Dass der Schnee dann auch tatsächlich an Weihnachten kommt, ist aber eher selten. Viel häufiger ist es schon Januar, wenn sich die ersten Schneeflocken leise ihren Weg zu Erde suchen. Für Kinder ist es sehr aufregend, wenn eine Schneeflocke zart auf der Erde landet.

Manchmal sitzen die Kinder wartend am Fenster und sehnen die erste Schneeflocke herbei. Ich erinnere mich noch gut, wie ich als Kind einmal aus dem Fenster schaute und auf Schnee wartete. Als ich sehnsuchtsvoll in den Himmel blickte, kam tatsächlich eine Schneeflocke langsam zu meinem Fenster geflogen.

Meist folgt auf die erste zarte Schneeflocke bald die zweite Schneeflocke, die sachte neben der ersten landet. Die dritte Schneeflocke landet sehr zart neben der zweiten Schneeflocke. Auf die dritte Schneeflocke landen dann schon etwas schneller die vierte – fünfte – sechste – siebte – und achte Schneeflocke. Schon bald fallen so viele Schneeflocken vom Himmel, dass ein richtiges wildes Schneegestöber entsteht.

Ich liebe es, wenn bei einem Schneesturm der Wind pfeift. Dann fliegen die Schneeflocken mal nach links und mal nach rechts. – Doch jeder wilde Schneesturm findet auch einmal ein Ende. Erst wird das Gewimmel ein bisschen weniger. Dann wird es noch ein bisschen weniger. Dann noch ein bisschen weniger. Und dann fliegen nur noch ein paar Schneeflocken leise vom Himmel auf die Erde nieder. Gegen Ende sieht man nur noch ganz vereinzelte Schneeflocken auf die Erde fallen. Und schließlich hat auch die letzte Schneeflocke ihren Weg vom Himmel auf die Schneedecke gefunden.

PERCUSSION-INSTRUMENTE: Es knistert und knallt das Feuerwerk.

Es ist Silvester. Aber noch ist es nicht Zeit für das Feuerwerk. Trotzdem liegt schon ein ganz leises Knistern in der Luft.

Ich habe für heute Abend eine Tüte mit Feuerwerkskörpern gekauft. In der Tüte ist allerlei enthalten: auch Knallerbsen. Darauf habe ich geachtet, weil meine kleine Nichte zu Besuch kommt. Im letzten Jahr hat sie ganz viele Knallerbsen geworfen. An die kurz nacheinander ertönenden Knallgeräusche erinnere ich mich noch sehr gut. Als keine Knallerbsen mehr da waren, war die Kleine traurig.

Auch ein paar „Leuchtbienen" sind in meiner Feuerwerks-Tüte. Die Leuchtbienen sirren durch die Luft und machen dabei langanhaltende, quietschende Summ-Geräusche. Und natürlich habe ich auch Leuchtraketen. Die Leuchtraketen sirren einmal lang und machen dann einen lauten Knall, um kurz darauf wunderschöne Funken zu versprühen.

Leider habe ich im Laden nicht gesehen, dass auch fünf Chinaboller in dem Paket enthalten sind. Die schmeiße ich weg. Sie knallen unglaublich laut, und das mag ich nicht. Ich mag lieber ein dezent knallendes Feuerwerk.

Da klingelt jemand und klopft ungeduldig an die Tür. Das ist meine Nichte. Sie fällt mir um den Hals. „Hast du auch ein zischendes, knallendes, sirrendes, lautes Feuerwerk gekauft?", möchte sie wissen. „Natürlich habe ich Feuerwerk gekauft," entgegne ich und zeige ihr meine Tüte. Die Knallerbsen entdeckt sie als Erstes. Die darf sie schon vor dem eigentlichen Feuerwerk werfen.

Gleichmäßig und kurz nacheinander ertönen die Knallgeräusche. In diesem Jahr verfolgt meine Nichte auch gebannt das später stattfindende „richtige" Feuerwerk. Sie macht große Augen, als die Leuchtbienen durch die Luft sirren und langanhaltende quietschende Summgeräusche machen. Sie staunt, als die Leuchtraketen einmal lang sirren und dann einen lauten Knall machen. Und zum Glück hat sie nicht gemerkt, dass die unglaublich laut knallenden Chinaböller fehlten.

RASSEL: Die raschelnde Kleiderkiste

Endlich! Meine Neujahrsvorsätze sind umgesetzt, und ich bin den Winterspeck losgeworden! Höchste Zeit, meine alten Kleider vom Dachboden zu holen. Die passen jetzt bestimmt wieder.

Ein bisschen gruselig finde ich es immer auf dem Dachboden. Manchmal höre ich es in den Ecken des Dachbodens leise rascheln und frage mich, ob dort Mäuse wohnen. Darum klettere ich ganz schnell auf den Dachboden, schnappe mir die Kleiderkiste und klettere ebenso schnell wieder hinunter. Bei der hastigen Kletterei werden die Kleidungsstücke in der Kiste ganz schön durcheinandergeschüttelt und rascheln dabei wild und laut. Unten angekommen, atme ich erleichtert auf. Ich bringe die Kleiderkiste zum Durchgucken in die Küche. Meine Schritte sind jetzt gleichmäßig und ruhig, und genauso rascheln auch die Kleidungsstücke in der Kiste.

Ich stelle die Kiste auf den großen Esstisch und öffne sie. Ich hatte schon ganz vergessen, was alles in der Kiste drin ist. Als Erstes ziehe ich ein Samtkleid heraus und probiere es an. Es raschelt beim Anziehen weich und leise. Zum Glück sitzt es wieder wie angegossen! Als Nächstes ziehe ich eine Seidenbluse aus der Kleiderkiste. Sie raschelt nur ganz, ganz leise. Als ich die Seidenbluse anprobiere, merke ich, dass sie leider noch nicht wieder passt. Ich stecke in der Seidenbluse fest. Um sie auszuziehen, reiße und zerre ich daran. Dabei raschelt die Bluse hart und ungestüm. Dann schaffe ich es endlich, die Bluse wieder loszuwerden.

Dass sie noch nicht wieder passt, macht mich ein bisschen traurig. Ich suche mir als Nächstes zwei Pullover heraus, es sind die letzten beiden Kleidungsstücke in der Kleiderkiste. Als ich die Pullover glattstreiche, machen sie gleichmäßige Raschelgeräusche. Zum Glück passen die Pullover wieder.

Ob ich je wieder in die Bluse reinpassen werde? Wer weiß … Vorläufig kommt die Bluse wieder in die Kleiderkiste. Beim Reinlegen raschelt sie sanft. Die Kleiderkiste bringe ich zurück auf den Dachboden. Weil mir der Dachboden Angst macht, beeile ich mich wieder. Dabei raschelt die Bluse wild und heftig in der Kleiderkiste herum.